Die Tragödie der Dienstmädchen

Francis Beaumont, John Fletcher

Writat

Diese Ausgabe erschien im Jahr 2023

ISBN: 9789358811964

Herausgegeben von
Writat
E-Mail: info@writat.com

DER MÄDCHEN- TRAGÖDIE.

Im Stück dargestellte Personen.

König.

Lysippus, *Bruder des Königs* .

Amintor , *ein edler Herr* .

Evadne, *Ehefrau von* Amintor .

    Malantius }
    Diphilius } *Brüder von* Evadne.

Aspatia , *treue Ehefrau* Amnitor .

    Calianax , *ein alter, humorvoller Herr und*
Vater von Aspatia .

Cleon}
    Strato } *Meine Herren* .

Diagoras , *ein Diener* .

    Antiphila }
Olympias } *wartet auf Gentlewomen* Aspatia .

Dula , *eine Dame* .

Nacht}
Cynthia} Neptun} Eolus} *Maskierer* .

* * * * *

Actus primus. Scena prima .

Es treten *Kleon, Strato , Lysippus und Diphilus auf* .

Cleon . Der Rest bereitet sich vor, Sir.

Strat . Also lasst sie, wir haben genug Zeit.

Diph . Du bist der Bruder des Königs, mein Herr, wir verlassen uns auf dein Wort.

Lys . *Strato* , du hast einige Fähigkeiten in der Poesie, was? denkst du an eine Maske? Wird es gut sein?

Strat . Sowie Maske sein känn.

Lys . Wie kann eine Maske sein?

Strat . Ja, sie müssen ihren König loben und die Versammlung lobpreisen, die Braut und den Bräutigam in der Person eines Gottes segnen; Das sind an Regeln der Schmeichelei gebunden .

Cle . Seht, mein Herr, der zurückgekehrt ist !

Lys . Edler *Melantius* !

[*Melantius tritt auf* .

Das Land bei mir heißt deine Tugenden zu Hause in *Rhodos willkommen* , du, der du uns mit Blut im Ausland unseren Frieden erkaufst ; der Atem des Königs ist wie der Atem der Götter; Mein Bruder wünscht dich hier, und du bist hier; er wird zu freundlich sein und dich mit häufigen Begrüßungen ermüden; aber die Zeit heißt dich über dieser oder allen Welten willkommen.

Mel . Mein Herr, mein Dank; Aber meine zerkratzten Glieder haben meinen Freunden meine Liebe und Wahrheit mehr gesagt , als es meine Zunge zuvor vermochte. Mein Geist ist derselbe, der er jemals für dich war; Wo ich etwas Wertvolles finde, liebe ich den Hüter, bis er es loslässt, und dann folge ich ihm.

Diph . Gegrüßet seist du, würdiger Bruder!
Wer sich nicht über deine Rückkehr in Sicherheit
freut , ist für immer mein Feind .

Mel . Ich danke dir , *Diphilus* , aber du bist fehlerhaft; Ich habe nach dir geschickt, damit du deine
Waffen
mit mir in *Patria* ausübst . Du bist nicht gekommen. *Diphilus* : „Es war krank.“

Diph . Mein edler Bruder, meine Entschuldigung
ist der strenge Befehl meines Königs, den du, mein Herr, mit mir bezeugen kannst.

Lys . Es ist wahr ,
Melantius . Er könnte nicht kommen, bis die Feierlichkeit dieses großen Spiels vorbei wäre.

Diph . Hast du davon gehört?

Mel . Ja, ich habe denen, die mich
im Ausland um meine Taten beneiden, Anlass gegeben, mich spielerisch zu nennen; Ich habe hier in *Rhodos* keine anderen Geschäfte .

Lys . Wir haben heute Abend eine Maske,
und Sie müssen eine Soldatenmaßnahme durchführen.

Mel . Diese sanften und seidenen Kriege sind nichts für mich;
Die Musik muss schrill und verwirrt sein ,
das bringt mein Blut in Wallung, und dann tanze ich mit Waffen :
Aber ist *Amintor* Mi?

Diph . Dieser Tag.
Mel . Alle Freuden seien auf ihm, denn er ist mein Freund.
Wundere mich nicht, dass ich einen so jungen Mann meinen Freund nenne.
Sein Wert ist groß; Er ist tapfer und gemäßigt, und einer, der sein Leben nie
für sein eigenes hält. Wenn sein Freund es brauchte: Als er ein Junge war,
brachte ich, so oft ich zurückkam (wie ohne Prahlerei), Eroberungen mit
nach Hause, die er
anstarrte Mich und schaue mich um, um zu finden, in welchem Glied die
Kraft lag, die Dinge zu tun, die er hörte:
Dann würde er mein Schwert sehen und die Schnelligkeit der Schneide
spüren und es in seiner Hand wiegen wollen; er brachte mich oft darüber
zum Lächeln; Seine Jugend versprach viel, und seine reifen Jahre werden
alles erfüllen .

[*Aspatia kommt vorbei* .

Melan . Gegrüßet seist du, Magd und Frau!
Du schöne *Aspatia* , möge der heilige Knoten
, den du heute
geknüpft hast, bestehen bleiben, bis die Hand des Alters ihn löst . Mögest
du eine Rasse
nach *Amintor bringen* , die die Welt
nach und nach mit Souldiers füllen kann .

Asp . Mein schweres Schicksal
verdient keine Verachtung; denn ich war nie stolz, als sie gut waren.

[*Aspatia verlassen* .

Mel . Wie ist das?

Lys . Sie irren sich, denn sie ist nicht verheiratet.

Mel . Sie sagten, *Amintor* sei es gewesen.

Diph . Es ist wahr; Aber

Mel . Verzeihen Sie, ich habe in
Patria Briefe von meinem *Amintor erhalten* ,
dass er sie heiraten sollte.

Diph . Und so blieb es,
aller Meinung nach, lange; Aber deine Ankunft ließ mich glauben, du
hättest die Veränderung gehört.

Mel. Wen hat er denn genommen?

Lys. Eine Herrin,
die das Licht über sich trägt und mit Blitzen in ihren Augen totschlägt; die
schöne *Evadne* deine
            ehrfürchtige Schwester.

Mel. Frieden im Herzen zwischen ihnen: Aber das ist seltsam.

Lys. Der König, mein Bruder, hat es getan
, um dich zu ehren ; und diese Feierlichkeiten
liegen in seiner Verantwortung.

Mel. Es ist königlich, wie er selbst; Aber ich bin traurig, meine Rede klingt
für die schöne
Aspatia so unglücklich ; In der Brust ihres Vaters ist Wut verborgen
. *Calianax*
hat sich lange gegen mich gebeugt, und er sollte nicht denken, wenn ich es
zurückrufen könnte, dass ich so niedrige Rache nehmen würde, dass ich
den Zustand seiner vernachlässigten Tochter verachten würde: hält er
immer noch an seiner Größe beim König?

Lys. Ja; aber diese Dame
geht unzufrieden, mit ihren wässrigen Augen
auf die Erde gebeugt: Die seltenen Wälder sind ihre Freude; Und wenn sie
eine Bank voller Blumen sieht, wird sie mit einem Seufzer ihren Dienern
sagen, was für ein hübscher Ort es sei, darin Liebende zu begraben und ihre
Mägde zu zwingen, sie zu pflücken und sie wie eine Korsika zu begraben.
Sie trägt eine ansteckende Trauer mit sich, die alle ihre Betrachter trifft. Sie
wird die traurigsten Dinge singen, die jemals ein Ohr gehört hat,
und seufzt und wieder singt, und wenn der Rest unserer jungen Damen in
ihrem mutwilligen Blut fröhliche Geschichten erzählen Natürlich erfüllt das
den Raum mit Lachen, sie wird mit so traurigem Blick eine Geschichte vom
stillen Tod einer verlassenen Jungfrau erzählen, die ihr Kummer so
formulieren wird, dass sie sie, bevor sie endet, zum Weinen bringen wird
Einer nach dem anderen weg.

Mel. Sie hat einen Bruder unter meinem Kommando
wie sie, ein so weibliches Gesicht wie ihres, aber mit einem Geist, der weit
über
die Zahl seiner Jahre hinausgewachsen ist .

[*Amintor betreten* .

Cle . Mein Herr, der Bräutigam!

Mel. Ich könnte wild und nicht hastig
auf meinen Feind losrennen: Ich liebe dich sehr, *Amintor*.
Mein Mund ist viel zu eng für mein Herz. Es ist mir eine Freude, in deine
Augen zu schauen. Du bist mein Freund, aber meine Sprachstörung
schneidet meine Liebe ab

.

Amin. Du bist *Melantius* ;
Alle Liebe wird darin ausgedrückt, ein Opfer, um den Göttern zu danken,
Melantius wird in Sicherheit zurückgekehrt
; Der Sieg sitzt auf seinem Schwert, wie sie es gewohnt war; Möge sie dort
bauen und wohnen, und möge deine Rüstung so sein, wie sie war,
nur deine Tapferkeit und deine Unschuld.
Welche endlosen Schätze würden unsere Feinde geben, damit ich dich so
still halten könnte!

Mel. Ich bin nur arm an Worten, aber glaub mir, junger Mann,
deine Mutter konnte nicht mehr als weinen, vor Freude, dich nach langer
Abwesenheit zu sehen; All die Wunden, die ich habe, holen nicht so viel
weg, noch all die Schreie
verwitweter Mütter: aber das ist Frieden; Und was war Krieg?

Amin. Vergib, du heiliger Gott
der Ehe, und runzele nicht die Stirn, ich bin nicht gezwungen, als Antwort
auf so edle Tränen wie diese an meinem
Hochzeitstag zu weinen .

Mel. Ich fürchte, du bist zu krank geworden; denn ich höre,
wie eine Dame um dich trauert, Männer sagen zu Tode: Verlassen von dir,
unter welchen Bedingungen weiß ich nicht.

Amin. Sie hatte mein Versprechen, aber der König verbot es
und ließ mich diese würdige Änderung vornehmen, deine Schwester
, begleitet von Gnaden über ihr, mit der ich mich danach sehne, meine
lustvolle Jugend zu verlieren und in ihren Armen alt zu werden.

Mel. Sei wohlhabend.

[*Geben Sie Messenger ein* .

Messen. Mein Herr, die Masker wüten für Sie.

Lys . Wir sind weg. *Cleon, Strata, Diphilus* .

Amin. Wir werden euch alle begleiten , wir werden euch mit unseren
Feierlichkeiten belästigen .

Mel . Nicht so *Amintor* .

Aber wenn du über meine unhöfliche Kutsche lachst, werde ich im Frieden
dasselbe für dich tun,
wenn du dorthin kommst: doch ich habe eine Geliebte, die ich zu deinen
Freuden bringen kann; Obwohl ich rau bin, habe ich eine Herrin und sie
hat ein Herz, sagt sie , aber vertrau mir, es ist Stein, nicht besser.
Es gibt keinen Ort, an dem ich herausfordern kann .
Aber du bleibst stehen, und hier liegt mein Weg.

[*Beenden* .

Betritt Calianax mit Diagoras .

Cal . *Diagoras* , schau vor Scham besser auf die Türen, du lässt die ganze
Welt herein, und bald wird der König über mich schimpfen; Warum sehr
gut gesagt, bei *Jupiter* , der König wird die Show vor dem Hof haben.

Diag . Warum schwören Sie so, mein Herr? Du weißt, dass er es hier haben
wird.

Cal . Wenn er in diesem Licht weise ist, wird er es nicht tun.

Diag . Und wenn er nicht weise sein wird, bist du abgeschworen.

Cal . Man kann sein Herz mit Flüchen zermürben und von keiner Seite
gedankt werden, ich werde weg sein, schau , wer es will.

Diag . Mein Herr, ich werde sie niemals draußen halten.
Bitte bleiben Sie, Ihr Aussehen wird sie erschrecken .

Cal . Mein Aussehen macht ihnen Angst , du dummes Arschloch !
         Ich werde von der ganzen Gesellschaft
beurteilt , ob du nicht ein schlechteres Gesicht hast als ich —

Diag . Ich meine, weil sie Sie und Ihr Büro kennen.

Cal . Büro! Ich wünschte, ich könnte es hinauszögern, ich bin mir sicher,
ich schwitze ziemlich durch mein Büro, ich hätte bei der Hochzeit meiner
Tochter vielleicht Platz machen können , sie hätten sie unter ihnen beinahe
getötet . Und nun muss ich dem dienen, der sie verlassen hat; diesem Willen
dienen. [*Verlassen Sie Calianax* .

Diag . Er ist so humorvoll, seit seine Tochter verlassen wurde:
Horch, horch, da, da, so, so, Codes, Codes. Was jetzt? [*Innerhalb. klopfe nach
innen* .

Mel . Öffne die Tür.

Diag . Wer ist da?

Mel . *Melantius* .

Diag. Ich hoffe, Eure Lordschaft bringt keine Truppe mit,
denn wenn Ihr es tut, muss ich sie zurückbringen. [*Melantius tritt auf* .

Mel. Niemand außer dieser Lady Sir. [*Und eine Dame* .

Diag. Die Damen sind alle oben platziert , bis auf diejenigen, die
in der Königstruppe kommen. Die Besten von *Rhodos* sitzen dort
und es ist Platz.

Mel. Ich danke Ihnen, Sir. Wenn ich gesehen habe, dass Sie untergebracht
sind
, meine Dame, muss ich zum König gehen. Aber die Maske ist fertig, ich
werde
wieder auf dich warten.

Diag. Treten Sie dort zurück, Platz für meinen Herrn *Melantius* , beten Sie,
bleiben Sie zurück, dies ist kein Ort für solche Jugendlichen und ihre Truls ,
lassen Sie die Türen immer geschlossen ; Ich, juckt es in deinen Köpfen?
Ich werde sie für dich kratzen: also jetzt stoßen und hängen: Nochmal, wer
ist das jetzt nicht? Ich kann es meinem Herrn *Calianax nicht verübeln* , dass er
weggegangen ist; Wäre er hier, würde er wütend zwischen ihnen hin und
her rennen und im Handumdrehen einem Dutzend klügerer Köpfe als
seinem eigenen einschlagen: Was gibt es jetzt Neues?

[*Innerhalb* .

Ich bete, können Sie mir bei der Rede des Meisterkochs helfen?

Diag. Wenn ich die Tür öffne, koche ich einige Ihrer Calvesheads .
Friedensschurken . – noch mal – wer ist das nicht ?

Mel. *Melantius im Inneren. Auftritt von Calianax bei Melantius* .

Cal. Lass ihn nicht rein.

Diag. O mein Herr, ich muss; Machen Sie dort Platz für meinen
Herrn. Ist Ihre Lady nicht da ?

Mel. Ja, Sir, ich danke Ihnen, mein Lord *Calianax* : Gut aufgenommen,
Ihr grundloser Hass mir gegenüber ist hoffentlich begraben.

Cal. Ja, ich leiste hier
einen Dienst für deine Schwester , die mein eigenes armes Kind in den
zeitlosen Tod bringt;
Sie liebt deinen Freund *Amintor* , so ein
falschherziger Herr wie du.

Mel. Du tust mir Unrecht,
ein höchst unmännliches, und ich zögere, mich zu rächen, aber sei gut
beraten .

Cal. Es könnte so sein: Wer hat die Dame dort so nahe an die Gegenwart des Königs gebracht?

Mel. Ich tat.

Cal. Mein Herr, sie darf nicht dort sitzen.

Mel. Warum?

Cal. Der Ort ist für höherwertige Frauen reserviert.
Mel. Mehr wert als sie? Es passt nicht zu deinem Alter
und deinem Ort, so weibisch zu sein. Vorfahr; Was Sie gesagt haben , ich
bin zufrieden zu glauben,
dass The Palsey Ihnen die Zunge geschüttelt hat.

Cal. Warum ist es gut, wenn ich hier stehe, um Männerfrauen
unterzubringen ?

Mel. Ich werde diesen Ort, dein Alter, meine Sicherheit vergessen und trotz
allem die arme, kränkliche Woche, die du zu leben hast, von dir
abschneiden.

Cal. Nein, ich weiß, dass du für deine Hure kämpfen kannst.

Mel. Bate, der König, und sei er aus Fleisch und Blut,
er lügt , der es sagt , deine Mutter
war mit fünfzehn schwarz und sündig für sie.

Diag. Gut, mein Herr!

Mel. Irgendein Gott reißt diesem liebevollen Mann sechzig Jahre,
damit ich ihn töte und meine Ehre nicht beflecke ;
Es ist der Fluch der Seelenmenschen , dass sie in Frieden
von so unedlen Männern
den Kopf zerschlagen werden , wie sie (wenn das Land beunruhigt wäre)
mit Tränen und Knien um Beistand bitten würden : würde dieses Blut
(dieses Blutmeer) das tun? Ich habe im Kampf verloren und floss in deinen
Adern, damit du weniger sagen kannst oder behaupten kannst: Solltest du
mehr sagen: Dieses *Rhodos* , das ich sehe, ist nichts anderes
als ein Ort, der dazu privilegiert ist , Menschen Unrecht zu tun.

Cal. Ich, Sie können sagen, Ihr Vergnügen.

[*Amintor betreten* .

Amint. Welche böse Verletzung
hat meinen würdigen Freund erregt, der
im Kampf mit Worten ebenso langsam ist wie in der Hand?

Mel. Dieser Haufen Alter, den ich verehren würde,
wenn er gemäßigt wäre; aber gereizte Jahre sind äußerst verachtenswert.

Amint. Guter Herr, haben Sie Nachsicht.

Cal. Es gibt einfach so einen Anderen wie dich selbst.

Amint. Er wird dir oder mir oder irgendjemandem Unrecht tun
und reden, als ob er kein Leben zu verlieren hätte. Da dies unser Kampf ist:
Der König kommt herein, ich würde nicht für mehr Reichtum, als ich
genieße, Er sollte dich wütend sehen, er Ich habe gehört, dass du jetzt
uneins bist, was ihn beeilte.

Cal. Machen Sie dort Platz.

Hoboyes spielen innerhalb von.

Es treten King, Evadne, Aspatia, Lords und Ladies auf.

König. *Melantius*, du bist willkommen, und meine Liebe
ist immer noch bei dir; aber dies ist kein Ort zum Geschwätz; *Calianax*,
Joyn Hände.

Cal. Er soll meine Hand nicht haben.

König. Dies ist keine Zeit, dich
dazu zu zwingen, ich liebe euch beide:
     Calianax, Sie sehen in Ihrem Amt gut aus;
Und du *Melantius*, willkommen zu Hause; Beginnen Sie mit der Maske.

Mel. Schwester, ich freue mich, dich und deine Wahl zu sehen.
Du hast mit meinen Augen geschaut, als du diesen Mann genommen hast;
Sei glücklich in ihm.

[*Recorder*.

Evad. O mein liebster Bruder! Deine Anwesenheit ist für mich freudiger,
als dieser Tag sein kann.

Die Maske.

Die Nacht steigt im Nebel auf.

Nah. Unsere Herrschaft ist gekommen; denn im tobenden Meer
ist die Sonne untergegangen, und mit ihr ist der Tag gefallen:
Helle *Cinthia*, höre meine Stimme, ich bin die Nacht,
für die du dein geliehenes Licht trägst;
Erscheine, dein blasses Gesicht ist nicht länger verschleiert,
sondern schlage dein silbernes Horn durch eine Wolke und sende einen
Strahl auf mein dunkles Gesicht, durch den ich den ganzen Ort und die

Personen entdecken kann und wie viele sehnsüchtige Augen gekommen
sind, um auf unsere Feierlichkeiten zu warten .

[*Betritt Cinthia* .

Wie langweilig und schwarz bin ich! Ohne dich könnte ich
diese Schönheit nicht finden, ich bin so blind; Ich glaube, sie ähneln jenen
östlichen Streifen, die uns von hier aus warnen, bevor der Morgen anbricht;
Unterstütze meinen blassen Diener, denn diese Augen wissen, wie sie viel
mehr und schnellere Strahlen abfeuern als du.

Cinth . Große Königin, sie sind eine Truppe, für die
ich allein einen meiner klarsten Monde angelegt habe; Eine Truppe, die
aussieht, als hätten du und ich unseren Regen eingesteckt und unsere
Peitschen darauf gelegt,
um auf diese Sterblichen zu blicken, die heller erscheinen als wir.

Nacht . Dann lasst uns sie hier
behalten , und unsere Streitwagen fahren nie mehr weg, sondern halten
unsere Plätze und überstrahlen den Tag.

Cinth . Du bist die große Königin der Schatten
        Ich freue mich, über mehr zu sprechen
, als getan werden kann. Wir dürfen die Beschlüsse der Götter nicht
brechen, aber wenn unsere Zeit gekommen ist, müssen wir wegfahren und
dem Tag unseren Raum geben. Doch solange unsere Herrschaft andauert,
lasst uns unsere Macht ausdehnen
, um unseren Dienern eine zufriedene Stunde zu schenken, mit so
ungewohnter feierlicher Anmut und Stand, dass sie sie für immer dazu
zwingen können, die glorreichen Strahlen unserer Brüder zu hassen und die
mit gekrönte Nacht zu wünschen Tausend Sterne und unser kaltes Licht:
Für fast die ganze Welt beugen sie sich *Phoebus* und vergebens leihe ich
mein Licht,
        Von meinem Aufstieg aus
blickte ich auf meinen Untergang . Fast ohne, aber mit unruhigen Augen.

Nah . Dann strahle in voller Schönheit, Königin, und
erzeuge durch deine Kraft eine Geburt, um diese glückliche Stunde zu
krönen. Von Nymphen und Hirten lassen Sie ihre Lieder entdecken, leicht
und süß, wer ein glücklicher Liebhaber ist;
Oder wenn du wünschst, dann nenne dein eigenes *Endymion*.
Von dem süßen, fließenden Bett, auf dem er liegt,
auf *Latmus*- Spitze, deine blassen Strahlen weggezogen,
und lass ihn aus dieser langen Nacht einen Tag machen.

Cinth . Du träumst, dunkle Königin, dieser schöne Junge gehörte nicht mir,
und ich ging auch nicht hinunter, um ihn zu küssen; Leichtigkeit und Wein

haben diese kühnen Geschichten hervorgebracht; Dichter, wenn sie wüten,
verwandeln Götter in Menschen und machen eine Stunde zu einem
Zeitalter; Aber ich werde einen größeren Zustand und Ruhm verleihen und
der Zeit eine edle Erinnerung daran erwecken, was diese Liebenden sind;
Erhebe dich, erhebe dich, sage ich, du Kraft der Tiefen, deine Wogen
werden zurückgelegt, *Neptun,* großer König der Wasser, und von mir
sei stolz darauf, befohlen zu werden.

[Neptun geht auf.

Nep . *Cinthia* , sieh, Dein Wort hat mich hierher gebracht , lass mich wissen,
warum ich aufsteige.

Cinth . Zeigt dir dieser majestätische Blick noch kein Wissen?

Nep . Ja, jetzt verstehe ich.
Etwas, das *(Cinthia)* dir würdig war;
Los, ich werde ein Helfer sein.

Cinth . Hie dich dann und
stürme den Wind aus seiner Rocky- Höhle.
Lass deine Untertanen los, nur *Boreas.*
Zu schlecht für unsere Absicht, wie er war; Halte ihn immer noch fest in
der Kette ; Wir dürfen hier nichts
außer Frühlingswinden und sanften Winden haben, die wie Blumen wehen
und durch die frohen Zweige viele sanfte Willkommensgrüße für den
kräftigen Frühling singen. Das ist unsere Musik : Als nächstes, dein watriges
Rennen.
Komm zu zweit; Wir freuen uns , diese edle Nacht zu beehren , jeder in
seinen reichsten Dingen, die deine eigenen Tiefen oder das zerbrochene
Gefäß bringen;
Sei verschwenderisch, und ich werde genauso gütig sein und in vollem
Umfang auf dich strahlen.

Nep . Ho, der Wind , der Eolus
befehligt *!*

[Eolus tritt aus einem Felsen hervor.

Eol . Großer *Neptun!*

Nep . Er.

Eol . Was ist dein Wille?

Nep . Wir befehlen dir, *Favonius* und deine milderen Winde freizulassen, um
auf unsere *Cinthia zu warten* , aber tye *Boreas* gerade; Er ist zu rebellisch.

Eol . Ich werde es tun.

Nep . Tue, großer Meister der Flut und alles darunter,
Dein volles Kommando hat übernommen.

Eol . Ho! das Wichtigste;
            Neptun .

Nep . Hier.

Eol . *Boreas* hat seine Kette
zerrissen und ist im Kampf mit den anderen entkommen.

Nep . Lass ihn in Ruhe, ich werde ihn aufs Meer bringen;
Er wird nicht mehr lange dort sein; Gehen Sie noch einmal und rufen Sie
aus dem Grund des Mains: Blew *Proteus* und der Rest; Befiehl ihnen, ihre
größten Perlen und den funkelndsten Stein anzuziehen
, den der tragende Felsen hervorbringt, bis diese Nacht von mir zu einer
feierlichen Ehre für den Mond gemacht wird;
            Fliegen Sie wie ein volles Segel.

Eol . Ich bin weg.

Cin . Dunkle Nacht,
schaffe eine völlige Stille, tue ein Recht
auf diesen großen *Chor* , damit unsere Musik hoch zum Himmel ragt und
den Osten mitten in der Nacht zum Tag werden lässt

.

[*Musikk* .

LIED.
Cinthia , *deiner Macht, und ihnen gehorchen wir.*
Freude dieser großen Gesellschaft, und kein Tag kommt, um diese Nacht zu stehlen, bis
die Riten der Liebe beendet sind
und der lustvolle Bräutigam sagt:
Willkommenes Licht aller Freunde. Gehen Sie mit Ihren Wasserkräften unten auf und
ab, lassen Sie Ihre Füße
wie die Gallies, wenn sie rudern, sogar schlagen .
            Lassen Sie Ihre unbekannten Maßnahmen
den stillen Winden entgegenwirken und sagen Sie allen, dass die Götter unsterblich groß
geworden sind, um diese große Hochzeit zu ehren .

Die Maßnahme. Zweites Lied.

            Halte deine Stunden zurück, dunkle Nacht, bis wir fertig sind.
Der Tag wird zu früh kommen; Junge Mädchen werden dich verfluchen, wenn du dich
davonstehst ,
und ihr Erröten dem Tag

*überlassen . Bleib, bleib und verberge das Erröten der Braut. Bleib eine sanfte Nacht
und bedecke mit deiner Dunkelheit die Küsse ihres Liebhabers. Bleiben Sie und
verwirren Sie ihre Tränen und ihr schrilles Weinen ,
ihre schwachen Verleugnungen, Gelübde und oft ihr Sterben ;
Bleib und verstecke alles, aber hilf nicht, auch wenn sie ruft .*

Nep . Große Königin von uns und des Himmels,
Höre, was ich bringe, um diese Stunde zu einer vollen Stunde zu machen,
wenn nicht ihr Maß.

Cinth . Sprechen Sie Seas King.

Nep . Deine Melodien, mein *Amphitrite* Freuden zu haben,
wenn sie auf der steigenden Welle tanzen und mich umwerben wie die
Segel, meine *Trytons* spielen
            Musik, um einen Sturm zu führen, ich werde den Weg weisen.

Lied. Messen.

_Ins Bett, ins Bett; Komm, Hymen, führe die Braut und lege sie an die Seite
ihres
Mannes . Bring die Jungfrauen herein ,
alle, die trauern, allein zu liegen, damit sie sich küssen und sagen können:
Eine Magd, morgen wird es eine andere sein, kist und sagt:
            Hesperus strahlt lange,
während diese Liebenden ein Zwirn sind.

Eol . Ho! *Neptun!*

Nept . *Eolus!*

Eol . Die Meere gehen hierher,
            Boreas hat einen Sturm entfacht ; Geh und setze
deinen Dreizack ein, sonst prophezeie ich , dass noch vor dem Tag
so mancher Großsegler weggeworfen wird: Steige herab mit allen Göttern
und all ihrer Macht, um ein Schiff zu schlagen .

Cin . Ein Dank geht an alle und ich gratuliere zu
diesem großartigen Dienst, den ich auf meinen Wunsch hin geleistet habe.
Ihr werdet viele Fluten haben, die voller und höher sind, als ihr es euch
gewünscht habt. Keine Ebbe wird es wagen, den Tag sehen zu lassen, wo
deine Behausungen sind. Nun kehre in Eile zu deiner Regierung zurück,
damit dein stolzer Angriff nicht über die Wüste hinauswächst und die Insel
erobert.

Nep . Wir gehorchen.

[*Neptun steigt herab und die Meeresgötter .*

Cinth . Halte deinen Kopf hoch, tote Nacht; Siehst du nicht den Tag?
Der Osten beginnt heller zu werden, ich muss nachgeben und meinem
Bruder Platz geben.

Nah . Oh! Ich könnte die Stirn runzeln
, um den Tag zu sehen, den Tag, der sein Licht auf meine Königreiche wirft
und die alte Nacht verachtet; Lass ihn weitergehen und brennen, ich hoffe,
ein weiteres Flächenfeuer in seinem Axletree zu sehen; Und alles falsch
durchnässt ; aber ich habe vergessen, sprich Königin.
Der Tag vergeht, ich darf nicht mehr gesehen werden.

Cin . Heben Sie Ihren schläfrigen Kopf hoch und sehen Sie
ein größeres Licht, eine größere Majestät
zwischen unserer Sekte und uns ; Schlagen Sie Ihr Team auf; Der Tag
bricht hier an, und du siehst einen blinkenden Bach, der aus dem Süden
geschossen ist; Sag, welchen Weg willst du gehen?

Nah . Ich werde im Nebel verschwinden. [*Ausgehen* .

Cin . Ich in den Tag. [*Finis- Maske* .

König . Machen Sie dort Lichter , meine Damen, bringen Sie die Braut ins
Bett.
Wir werden dich nicht liegen sehen, gute Nacht *Amintor* ,
      Wir ersparen Ihnen diese langwierige Zeremonie;
Wäre es [mein] Fall, würde ich denken, dass die Zeit langsam vergeht.
Wenn du edel bist , junger Mann, besorge mir einen Jungen,
der mein Königreich vor meinen Feinden verteidigen kann.

Amin . Alles Glück für dich.

König . Gute Nacht, *Melantius* . [*Ausgehen* .

Actus Secundus .

Es treten Evadne , Aspatia , Dula *und andere Damen auf* .

Dul . Madam, sollen wir Sie für diesen Kampf ausziehen? Die Kriege sind
nackt , die du heute Nacht machen musst .

Evad . Du bist sehr fröhlich, *Dula* .

Dul . Ich wäre viel fröhlicher, meine Dame, wenn es mit mir so wäre wie
mit Ihnen.

Eva . Warum wie jetzt, Mädchen?

Dul . Kommen Sie, meine Damen, werden Sie helfen?

Eva . Ich bin bald erledigt.

Dul. Und sobald es erledigt ist: Ein guter Vorrat an Klamotten wird Ihnen bei beidem Probleme bereiten.

Evad. Bist du betrunken, *Dula*?

Dul. Warum hier niemand außer uns ist.

Evad. Du denkst Ich glaube , es gibt keine Bescheidenheit, wenn wir allein sind.

Dul. Ich bin ehrlich, Sie haben meine Gedanken richtig getroffen.

Evad. Du stichst mich , Lady.

Dul. Es ist gegen meinen Willen,
Anon, du musst mehr ertragen und still liegen bleiben. Üben Sie am besten

.

Evad. Sicher, dieses Mädchen ist verrückt.

Dul. Kein Glaube, das ist ein Trick, den ich seit meinem vierzehnten Lebensjahr habe.

Evad. Es ist höchste Zeit, es zu verlassen.

Dul. Nein, jetzt werde ich es behalten, bis der Trick mich verlässt;
Ein Dutzend mutwilliger Worte in deinem Kopf werden dich im Bett deines Mannes lebendig machen.

Evad. Nein, Glaube, dann nimm es.

Dul. Nehmen Sie es, meine Dame, wohin? Ich hoffe, wir alle, die hier sind, werden es verkraften.

Evad. Nein, dann gebe ich dir o're .

Dul. So werde ich den fähigsten Mann auf *Rhodos machen* , oder sein Herz zum Akzeptieren bringen .

Evad. Willst du heute Abend meinen Platz einnehmen?

Dul. Ich halte Ihre Karten gegen alle anderen, die ich kenne.

Evad. Was wirst du tun?

Dul. Madam, das werden wir Tu es nicht und lass uns auch spielen.

Evad. *Aspatia* , nimm ihren Teil.

Dul. Ich werde es ablehnen. Sie wird eine Seite abreißen, sie benutzt sie nicht.

Evad. Warum machen.

Dul. Du wirst das Spiel
schnell finden, weil Dein Kopf so gut liegt.

Evad. Ich danke dir , *Dula* , könntest du *Aspatia* etwas von deiner
Heiterkeit einflößen
?
Nichts als traurige Gedanken wohnen in ihrer Brust. Ich denke, ein Mittel
zwischen dir würde gut daran tun.

Dul. Sie ist verliebt, hängen Sie mich, wenn ich es wäre,
aber ich könnte mein Land regieren, ich liebe es auch, die Dinge zu tun, die
verliebte Menschen tun.

Asp. Es wäre ein zeitloses Lächeln, das meine Wange beweisen sollte.
Es wäre eine passendere Stunde für mich zu lachen, wenn am Altar die
religiösen Priester die beleidigten Mächte mit Opfern besänftigen würden,
als jetzt, dies hätte meine Nacht sein sollen, und alle deine Hände hätten es
getan Ich war damit beschäftigt
, mir eine makellose Opfergabe für das Bett des jungen *Amintors zu geben* ,
wie wir es jetzt sind.
Für Sie: Verzeihung, *Evadne* , wäre mein Wert
so groß wie Ihrer, oder dass der König oder er oder beide das dachten,
vielleicht hielt er mich für wertlos? Aber bis er das tat, goss er in meine
Ohren (diese leichtgläubigen Ohren) die süßesten Worte
, die Kunst oder Liebe umrahmen könnten ; Wenn er falsch wäre, verzeihe
es, Gott, und wenn ich Vertue wollte , kannst du mir das getrost auch
verzeihen,
denn ich habe nichts übriggelassen, was ich von dir hatte.

Evad. Nein, lassen Sie dieses traurige Gerede, meine Dame.

Asp. Könnte ich, dann sollte ich die Sache verlassen.

Evad. Sehen Sie nach, ob Sie *Dulas nicht* die ganze Heiterkeit verdorben
haben .

Asp. Du denkst, dein Herz sei hart, aber wenn du erwischt wirst , erinnere
dich an mich; Du wirst spüren, wie plötzlich ein Feuer in dich schoss.

Dul. Das ist nicht so gut, lasst uns auf etwas anderes als Feuer schießen ,
fürchte ich nicht.

Asp. Nun, Mädchen, du kannst entführt werden.

Evad. Meine Damen , gute Nacht, den Rest erledige ich selbst .

Dul. Nein, lass deinen Herrn etwas tun.

Asp. Lege eine Girlande auf meinen Leichenwagen aus der düsteren Eibe.

Evad . Das ist eines Ihrer traurigen Lieder, Madam.

Asp . Glauben Sie mir, es ist sehr hübsch.

Evad . Wie ist es, meine Dame?

LIED.

Asp_. Lege eine Girlande aus der trostlosen Eibe auf meinen
Leichenwagen;
Jungfrauen, Weidenzweige tragen; Sag, ich bin wahrhaftig gestorben: Meine
Liebe war falsch, aber ich war von meiner Geburt an fest; Auf meinem
begrabenen Körper lag leicht sanfte Erde.

Evad . Pfui , meine Dame, die Worte sind so seltsam, dass sie
einen Traum von Hobgoblins hervorrufen können; *Ich könnte nie
die Macht haben* , diesen *Dula zu singen* .

Dula_ . Ich könnte niemals die Kraft haben,
jemanden länger als eine Stunde zu lieben, aber mein Herz würde meinen
Blick auf einen anderen Mann lenken ; _Venus
*, fixiere meine Augen fest,
oder wenn nicht, gib mir endlich alles, was ich sehen werde* .

Evad . Also verlass mich jetzt.

Dula . Nein, wir müssen dich schlafen sehen.

Asp . Gute Nacht, gnädige Frau, mögen alle Ehefreuden
, die sich sehnsuchtsvolle Mädchen in ihren Betten vorstellen, es Ihnen
beweisen; Möge keine Unzufriedenheit zwischen deiner Liebe und dir
wachsen; aber wenn ja, frage mich, und ich werde dein Stöhnen leiten, dir
eine künstliche Art zu trauern lehren, um deinen Kummer wach zu halten;
Liebe deinen Herrn. Nicht schlimmer als ich. Aber wenn du so sehr liebst,
wirst du ihm vielleicht missfallen, und ich auch. Dies ist das letzte Mal, dass
du mich ansiehst: Meine Damen, lebe wohl ; Sobald ich tot bin,
kommt ihr alle und wacht eines Nachts über meinen Leichenwagen.
Bringt jedem eine traurige Geschichte und eine Träne
mit, um sie zu opfern, wenn ich zur Erde gehe: Mit schmeichelndem Efeu
umschließe ich meinen Sarg, schreibe mein Vermögen auf meine Stirn, lass
mein Bier von Jungfrauen geboren werden , die natürlich
die Wahrheit der Mägde singen sollen Meineide von Männern.

Evad . Leider habe ich Mitleid mit dir. [*Evadne verlassen* .

Omnes . Frau, gute Nacht.

1 Dame . Komm, wir lassen den Bräutigam herein .

Dul . Wo ist mein Herr?

1 Dame . Hier nimm dieses Licht.

[*Amintor betreten* .

Dul . Du wirst sie im Dunkeln finden.

1 Dame . Deine Dame hat noch kaum ein Bett, du musst ihr helfen.

Asp . Geh und sei glücklich in deiner Damenliebe;
Möge all das Unrecht, das du mir angetan hast, in meinem Tod völlig
vergessen sein. Ich werde dich nicht mehr belästigen, aber ich werde
einen Abschiedskuss annehmen und werde nicht abgelehnt. Du wirst
kommen, mein Herr, und die Jungfrauen weinen sehen,
wenn ich in die Erde gelegt werde, obwohl du selbst kein Mitleid kennen
kannst: So winde ich mich
in diese Weidengirlande und bin stolzer, dass ich einst deine Liebe war
(obwohl jetzt). verweigert)
Als einen anderen gehabt zu haben, der mir treu geblieben ist. Mit meinen
Gebeten verlasse ich Sie und muss versuchen, eine noch nicht praktizierte
Art zu trauern und zu sterben.

Dul . Kommen Sie, meine Damen, gehen Sie? [*Aspatia verlassen* .

Om . Gute Nacht, mein Herr.

Amin . Euch allen viel Glück.

[*Abgehen, meine Damen* .

Ich habe dieser Dame Unrecht getan; Ich glaube, ich spüre, wie
ihre Trauer plötzlich durch alle meine Adern schießt. Meine Augen laufen;
Das ist in einer solchen Zeit seltsam. Es war der König, der mich zuerst
dazu bewegte , aber er
hielt meinen Willen nicht ein – warum
verwirre ich mich selbst so? etwas flüstert mir zu:
Geh nicht ins Bett; meine Schuld ist nicht so groß, wie mein eigenes
Gewissen (zu vernünftig) mich zum Nachdenken bringen würde; Ich
breche nur ein Versprechen, und es war der König, der mich dazu zwang .
Furchtsames Fleisch,
warum zitterst du so? vertreibe meine müßigen Ängste.

[*Evadne tritt auf* .

Dort ist sie, der Glanz ihres Auges
kann die traurige Erinnerung an all diese Dinge
auslöschen : Oh meine *Evadne* , schone
diesen zarten Körper, lass ihn nicht kalt werden, die Dämpfe der Nacht
werden nicht hierher fallen.
Um meine Liebe ins Bett zu bringen; *Hymen* wird uns

dafür bestrafen, dass wir seine Rituale nachlässig ausführen. Willst du mich anrufen?

Evad . NEIN.

Amin . Komm, komm, meine Liebe,
und lass uns aneinander verlieren. Warum bist du so lange wach?

Evad . Mir geht es nicht gut.

Amint . Dann lass mich dich in diesen Armen zu Bett bringen, bis ich die Krankheit verbannt habe .

Evad . Guter Gott, ich kann nicht schlafen.

Amin . *Evadne* , wir werden zusehen, ich meine, nicht schlafen.

Evad . Ich werde nicht ins Bett gehen.

Amin . Ich bitte dich, das zu tun.

Evad . Ich werde es um nichts in der Welt tun.

Amin . Warum meine liebe Liebe?

Evad . Warum? Ich habe geschworen, dass ich es nicht tun werde.

Amin . Geschworen!

Evad . ICH.

Amint . Wie? Vereidigte *Evadne* ?

Evad . Ja, geschworener *Amintor* , und ich werde noch einmal schwören, wenn Sie mich hören möchten. 0 *Amin* . Wem hast du das geschworen?

Evad . Wenn ich ihn nennen sollte, wäre die Sache nicht großartig.

Amin . Komm, das ist nur die Schüchternheit einer Braut.

Evad . Die Schüchternheit einer Braut?

Amin . Wie hübsch steht dir dieses Stirnrunzeln!

Evad . Gefällt es dir so?

Amin . Du kannst deinem Gesicht keinen solchen Ausdruck verleihen, aber mir wird es gefallen.

Evad . Welcher Look gefällt dir am besten?

Amin . Warum fragst du?

Evad . Damit ich dir etwas zeige, das dir weniger gefällt.

Amin . Wie ist das?

Evad . Damit ich dir etwas zeige, das dir weniger gefällt.

Amint . Ich bitte dich, deinen Scherzen mildere Gesichter zu verleihen. Es zeigt, dass du wütend warst.

Evad . Vielleicht bin ich es also tatsächlich.

Amint . Warum, wer hat dir Unrecht getan?
Nenne mich den Mann, und ich schwöre bei dir selbst, deinem noch unbesiegten Selbst, ich werde dich rächen.

Evad . Jetzt werde ich deine Wahrheit auf die Probe stellen; Wenn du mich liebst
, wiegst du nichts im Vergleich zu mir;
Leben, Ehre , ewige Freuden , alle Freuden
, die diese Welt nachgeben kann, oder hoffnungsvolle Menschen vortäuschen, oder im kommenden Leben leicht wie Luft für einen wahren Liebhaber sind, wenn seine Dame die Stirn runzelt und ihm dies befiehlt: Willst du diesen Mann töten? ? Schwöre, mein *Amintor* , und ich werde die Sünde von
deinen Lippen küssen.

Amin . Ich werde keine süße Liebe schwören,
bis ich den Grund kenne.

Evad . Ich würde, du würdest;
Du bist es , der mir Unrecht tut , ich hasse dich,
du hättest dich umbringen sollen .

Amint . Wenn ich das wüsste, würde ich schnell
den Mann töten, den du gehasst hast.

Evad . Dann wisse es und tue es nicht .

Amint . Oh nein, welchen Look sollst du anziehen?
Um meinen Glauben auf die Probe zu stellen, werde ich dich nicht für falsch halten; Ich kann keinen einzigen Makel in deinem Gesicht finden, wo Falschheit bleiben sollte: Geh und geh ins Bett; Wenn Sie einer der Jungfrauen, die Ihre alten Gefährten waren, geschworen haben, Ihre Jungfrauenhaupt eine Nacht lang zu bewahren, kann dies ohne dieses Mittel geschehen.

Evad . Ein Maidenhead- *Amintor* in meinen Jahren?

Amint . Sicher schwärmt sie, das kann nicht
Dein natürliches Temperament sein; Soll ich deine Mägde rufen? Entweder hat dich dein gesunder Schlaf lange verlassen, oder es wütet ein Fieber in deinem Blut.

Evad. Weder *Amintor*; Glaubst du, ich bin verrückt,
weil ich die Wahrheit sage?

Amint. Willst du heute Nacht nicht bei mir liegen?

Evad. Heute Abend? Du redest, als ob ich es später tun würde.

Amint. Jenseits? Ja, das tue ich.

Evad. Du bist getäuscht, schreckst vor Staunen zurück und bemerkst mit Geduld,
was ich sagen werde, denn das Orakel weiß nichts Wahres: „Nicht für eine
oder zwei Nächte verzichte ich auf dein Bett, sondern für immer."

Amint. Ich träume, – wach, *Amintor*!

Evad. Du hörst richtig,
ich werde eher die Betten der Schlangen finden und mit meinem
jugendlichen Blut ihr kaltes Fleisch erwärmen und sie sich um meine Gliedmaßen
kräuseln lassen, als eine Nacht mit dir zu schlafen; Das ist nicht vorgetäuscht und
klingt auch nicht wie die Schüchternheit einer Braut.

Amin. Ist das Fleisch so irdisch, das alles zu ertragen?
Sind das die Freuden der Ehe? *Hymen* halte
diese Geschichte (die zukünftige Jugendliche dazu bringen wird, deine
Zeremonien zu vernachlässigen) von allen Ohren fern. Lass es nicht zu
deiner und meiner Schande auferstehen, um nach Ewigkeiten zu schaden;
Wir werden deine Gesetze verachten, wenn du sie nicht besser segnest;
Berühre das Herz von ihr, die du mir gesandt hast, sonst wird die Welt
wissen, dass es keinen Altar gibt, der
zu deinem Lob raucht. wir werden uns Söhne adoptieren;
Dann wird die Tugend erben und nicht das Blut.
Wenn wir Lust haben, werden wir das nächste nehmen, dem wir begegnen. Wir
dienen uns selbst, wie andere Geschöpfe es tun,
und achten nie mehr auf die Frau, noch auf ihre Nachkommenschaft. Ich
tobe umsonst, sie kann nur scherzen; Oh! verzeih mir, meine Liebe; So
teuer sind die Gedanken, die ich an dich hege, dass ich ausbrechen muss;
Befriedige meine Angst:
Es ist ein Schmerz jenseits der Hand des Todes, im Zweifel zu sein;
Bestätige es mit einem Eid, wenn das wahr ist.

Evad. Erfinden Sie die Form:
Darin sollen alle verbindenden Worte enthalten sein, die Teufel und
Beschwörer zusammensetzen können, und ich werde sie annehmen; Ich

habe schon früher geschworen, und hier tue es bei allem, was heilig ist, niemals mit deinem Bett in Berührung zu kommen. Ist Ihr Zweifel jetzt vorbei?

Amint . Ich weiß zu viel, hätte ich noch gezweifelt;
So eine Hochzeitsnacht hat es noch nie gegeben! Ihr Mächte oben, wenn ihr je meint, dass der Mensch so sein sollte , habt ihr euch einen Weg ausgedacht,
wie er sich benehmen und seine Ehre retten kann :
Unterweist mich darin; Denn in meinen trüben Augen gibt es keinen mittelmäßigen, keinen gemäßigten Weg, ich muss verachtet leben oder ein Mörder sein:
Gibt es einen Dritten? Warum ist diese Nacht so ruhig? Warum spricht der Himmel nicht im Donner zu uns und übertönt seine Stimme?

Evad . Diese Wut wird nichts nützen.

Amint . *Evadne* , höre mich, du hast einen Eid geleistet ,
aber einen so voreiligen, dass es schlimmer wäre, ihn zu halten, als ihn zu schwören; rufe es zu dir zurück; Solche Gelübde steigen niemals in den Himmel; Ein oder zwei Tränen werden es ganz wegwaschen: Hab Erbarmen mit meiner Jugend, meiner hoffnungsvollen Jugend, wenn du Mitleid hast, denn (ohne Prahlerei) Dieses Land war stolz auf mich: Was für eine Frau war dort, in der die Menschen fair und ehrgeizig nannten Diese Insel, die meine Liebe
gemieden hätte ? Es liegt in dir
, mich diesen Wert bewahren zu lassen – Oh! Wir eitlen Männer
, die auf unseren ganzen Ruf vertrauen,
um uns auf die schwache und nachgiebige Hand schwacher Frauen zu verlassen! aber du bist kein Stein; Dein Fleisch ist weich und in deinen Augen wohnt der Geist der Liebe, dein Herz kann nicht hart sein. Komm, führe mich aus dem Grund der Verzweiflung, zu all den Freuden, die du hast; Ich weiß, dass du es willst; Und lass mich vorsichtig sein, damit meine Stimmung
nicht plötzlich umschlägt.

Evad . Wenn ich diesen Eid zurückrufe, überkommen mich höllische Schmerzen.

Amin . Ich schlafe und bin zu gemäßigt; Komm zu Bett, oder an diesen Haaren, die, wenn du eine Seele hast, die deinen Locken gleicht, Fäden waren, die Könige um ihre Arme tragen konnten.

Evad . Warum das vielleicht so ist?

Amint . Ich werde dich zu meinem Bett zerren und deine Zunge zwingen, diesen bösen Eid rückgängig zu machen, oder ich werde tausend Wunden auf dein Fleisch drucken, um das Leben auszulöschen.

Evad . Ich fürchte dich nicht, tu mir an, was du
wagst ; Jedes schlecht klingende Wort oder jeder drohende Blick ,
den Du mir zuwirfst , wird in voller Höhe gerächt .

Amint . Es wird *Evadne sicher nicht sein* .

Evad . Riskieren Sie das nicht.

Amint . Ha'ye, eure Champions?

Evad . Ach *Amintor* , denkst du, dass ich es unterlasse
, mit dir zu schlafen, weil ich die Strenge einer Jungfrau angezogen habe?
Schauen Sie auf diese Wangen, und Sie werden feststellen, dass das heiße
und aufsteigende Blut für ein solches Gelübde ungeeignet ist. Nein, in
diesem Herzen wohnt so viel Verlangen und so viel Wille,
diesen Wunsch in die Tat umzusetzen, wie es einer Frau jemals zuvor
bekannt war, und beides wurde ihnen gezeigt; aber es war die Torheit
deiner Jugend, zu denken, dass diese Schönheit (welches Land du auch
nennen sollst)
jede Sekunde herabsinken wird.
Ich genieße das Beste, und in dieser Höhe habe ich geschworen, zu stehen
oder zu sterben: Sie erraten den Mann.

Amint . Nein, lass mich den Mann erkennen, der mir so Unrecht tut,
damit ich seinen Körper in Stücke schneide und ihn vor dem Nordwind
zerstreue.

Evad . Du wagst es nicht, ihn zu schlagen.

Amint . Tu mir nicht so Unrecht;
Ja, wenn sein Körper eine giftige Pflanze wäre,
die bei Berührung den Tod
bedeuten würde , hätte ich eine Seele , die mich auf ihn werfen würde.

Evad . Warum ist es der König?

Amint . Der König!

Evad . Was wirst du jetzt machen?

Amint . Es ist nicht der König.

Evad . Was, hat er es mit dem langweiligen *Amintor* aufnehmen können ?

Amint . Oh! Du hast ein Wort benannt , das alle rachsüchtigen Gedanken
wegwischt . In diesem heiligen Namen, dem König, liegt ein Schrecken:

Welcher gebrechliche Mann wagt es, seine Hand dagegen zu erheben?
Lass die Götter zu ihm sprechen, wann immer sie wollen; Bis dahin lasst
uns leiden und warten.

Evad. Warum solltest du dich so mit Hitze
füllen und so zu meinem Bett eilen? Ich bin keine Jungfrau.

Amint. Welcher Teufel hat es dir dann in den Kopf gesetzt
, mich zu heiraten?

Evad. Leider muss ich einen
Vater von Kindern haben und den Namen meines Mannes tragen, damit
meine Sünde ehrenhafter wird .

Amint. Was für ein seltsames Ding ich bin!

Evad. Ein erbärmlicher; etwas, das mir selbst leid tut.

Amint. Warum zeigst du es dann darin?
Wenn du Mitleid hast, obwohl deine Liebe keine ist, töte mich, und alle
wahren Liebenden, die in späteren Zeiten leben werden, werden in ihren
Wünschen
versinken , werden dein Andenken segnen und dich gut nennen, weil solche
Barmherzigkeit in dir ist Dein Herz wurde gefunden, um einen ewigen
Unglücklichen zu befreien.

Evad. Ich muss einen haben
, der dein Zimmer wieder füllt, wenn du tot wärst. Sonst würde ich in dieser
Nacht: Ich habe Mitleid mit dir.

Amint. Diese seltsamen und plötzlichen Verletzungen haben mich so stark
getroffen
, dass ich jeglichen Sinn dafür verliere, was sie sind: Ich denke, ich habe
kein Unrecht ,
und es sollte auch nicht so sein, wenn ich es vor der tadelnden Welt nur
verbergen kann – Ruf, du bist es ein Wort, nicht mehr; aber du hast eine so
große Unverschämtheit an den Tag gelegt, dass ich fürchte, du wirst dich
vor der Welt verraten oder beschämen.

Evad. Um die Scham zu verbergen, habe ich dich genommen, fürchte dich
nie, dass ich
mich selbst verbrennen würde .

Amint. Lass den König auch nicht
wissen, dass ich glaube, dass er mir Unrecht tut, dann wird meine Ehre
mich in die Tat treiben, dass mein Fleisch es mit Geduld ertragen könnte;
und es ist für mich in diesen Extremen eine gewisse Erleichterung , dass ich
dies wusste,

bevor ich dich berührte ; Hätten sonst alle Sünden der Menschheit
zwischen mir und dem König gestanden, wäre ich durch
sie in sein und dein Herz
gegangen . Ich habe einen Wunsch verloren, es ist nicht seine Krone, die
mich an dein Bett bringen soll. Jetzt beschließe ich, dass er dich entehrt hat
. gib mir deine Hand,
achte auf deinen Kredit und schließe dich der Sünde an, das ist alles, was
ich wünsche; Auf deinem Kammerboden
Ich ruhe mich heute Nacht aus, damit morgens die Besucher
vielleicht denken, wir hätten es so gemacht, wie es verheiratete Leute tun.
Und lächele mich an, wenn sie kommen,
und scheine zu spielen, als ob du mit dem, was wir getan haben, zufrieden
gewesen wärest .

Evad . Keine Angst, ich werde das tun.

Amint . Kommt, lasst uns üben , und so mutwillig,
wie immer sich liebevolle Braut und Bräutigam trafen,
lasst uns lachen und hier eintreten.

Evad . Ich bin zufrieden.

Amint . Alle Schwellungen meines unruhigen Herzens hinunter.
Wenn wir so ineinander wandeln , sollen alle Augen sehen,
ob die Liebenden jemals besser zustimmen würden.

[*Beenden* .

Eingeben Aspatia , Antiphila *und* Olympias.

Asp . Weg, du bist nicht traurig, erzwinge es nicht weiter;
Meine Güte, wie gut siehst du aus! Junge, schüchterne Bräute tragen so ein
farbenfrohes Outfit:
Sicher, Sie sind frisch verheiratet.

Ameise . Ja, meine Dame, zu Ihrem Leidwesen.

Asp . Ach! arme Weiber.
Lerne zuerst zu lieben, lerne, dich selbst zu verlieren, lerne, dich
geschmeichelt zu fühlen und zu glauben und die Doppelzüngigkeit zu
segnen, die es getan hat; Machen Sie aus den Wundern der Ancient Lovers
einen Glauben. Hast du noch nie Liebe gehabt, Weibchen? sprich *Olympias* ,
wie du die Wahrheit sprichst und sterbst in't ,
Und wie ich alle Gläubigen glauben und elend sein; Du hast ein lockeres
Temperament, das zum Stempeln geeignet ist.

Olymp . Niemals.

Asp . Du auch nicht, *Antiphila* ?

Ameise . Ich auch nicht.

Asp . Dann, meine guten Mädels , seid mehr als Frauen, weise.
Sei wenigstens mehr als ich; und stellen Sie sicher, dass Sie alles
, was das Licht beleuchtet, vor einem Menschen würdigen; Glauben Sie
lieber , dass das Meer um den
ruinierten Kaufmann
weint, wenn er brüllt. eher weht der Wind, sondern die schweren Segel,
wenn das starke Tauwerk reißt; vielmehr kommt die Sonne nur, um die
Frucht im reichen Herbst zu küssen, wenn alle Wasserfälle verweht sind;
Wenn du unbedingt lieben musst (durch das schlechte Schicksal
gezwungen),
nimm zwei tote, kalte Esel an deine jungfräulichen Brüste und mache sie zu
Liebhabern, sie können weder schmeicheln noch abschwören ;
Ein Kuss bringt für alle einen langen Frieden; Aber Mann, oh dieser Biest-
Mann! Komm, lasst uns traurig sein, meine Mädchen ;
Der nach unten gerichtete Blick, *Olympias* ,
zeigt einen schönen Kummer; mark *Antiphila* ,
Genau so eine andere war die Nymphe *Oenone* ,
Als *Paris Helena* heimbrachte : Jetzt eine Träne,
Und dann bist du ein Stück, das die Königin *von Karthago vollständig zum
Ausdruck bringt* , als sie von einem kalten Meeresfelsen,
erfüllt von ihrem Kummer, ihre Augen fest
band Zu den schönen *trojanischen* Schiffen, und nachdem sie sie verloren
hatten,
stahl *Antiphila , genau wie deine Augen es tun, eine Träne* ;
Was würde diese Frau tun, wenn sie *Aspatia wäre* ?
Hier würde sie stehen, bis ein noch mitleidigerer Gott sie zu Marble wandte
: „Es reicht, meine Frau;
Zeigen Sie mir die Handarbeit, die Sie angefertigt haben.

Ameise . Von *Ariadne* , meine Dame?

Asp . Ja, das Teil.
Das sollte *Theseus sein* , er hat ein verlockendes Gesicht,
Du hast ihn als Mann gedacht.

Ameise . Er war so gnädige Frau.

Asp . Warum ist es dann gut genug? Schau niemals zurück.
Du hast einen vollen Wind und ein falsches Herz, *Theseus* ;
Sagt die Geschichte nicht, dass sein Kiel gespalten wurde oder dass seine
Masten erschöpft waren oder dass ein Stein oder etwas anderes mit seinem
Schiff zusammentraf?

Ameise . Nicht soweit ich mich erinnere.

Asp . Es hätte so sein sollen; Konnten die Götter das wissen
und nicht aus ihrer ganzen Zahl einen Sturm entfachen? Aber sie sind alle
genauso krank. Dieses falsche Lächeln kam gut zum Ausdruck ;
Genau so hat mich ein anderer erwischt; Du sollst nicht so gehen , *Antiphila*
.

An diesem Ort arbeitest du Treibsand und darüber ein seichtes, lächelndes
Wasser. Und sein Schiff pflügte es, und dann eine Angst. Mach dem Leben
diese Angst, Weib.

Ameise . 'Twill hat die Geschichte falsch dargestellt.

Asp . Ich werde die Geschichte durch mutwillige Dichter falsch machen .
Lebe lange und sei geglaubt ; aber wo ist die Dame?

Ameise . Da, meine Dame.

Asp . Pfui, du hast es hier vernebelt , *Antiphila* ,
du irrst dich sehr, Weib; Diese Farben sind nicht matt und blass genug,
um eine Seele voller Elend zu zeigen, wie es diese traurige Dame war; Tu es
durch mich, Tu es noch einmal durch mich, das verlorene *Aspatia* ,
und du wirst alles wahr finden, außer der wilden Insel; Ich stehe jetzt auf
der Meeresbrechung und denke, dass
meine Arme so sind und mein Haar vom Wind verweht ist,
wild wie diese Wüste , und alles um mich herum
sagen, dass ich verlassen bin, mein Gesicht

(Wenn du jemals ein Kummergefühl gehabt
hättest) So, so bemüht sich *Antiphila , mich* wie ein Kummerdenkmal
aussehen zu lassen ;
und die Bäume um mich herum sollen trocken und laublos sein ; Lass die
Felsen
mit ständigen Wellen stöhnen und hinter mir alles zur Verwüstung machen;
Schauen Sie, schauen Sie, Frauen, ein elendes Leben dieses armen Bildes.

Olymp . Sehr geehrte Frau!

Asp . Ich habe es getan, setzen Sie sich und lassen Sie uns
alle unsere Augen auf diesen Punkt richten, diesen Punkt dort; Machen Sie
ein dumpfes Schweigen, bis Sie eine plötzliche Traurigkeit verspüren.
Schenken Sie uns neue Seelen. [*Betreten Sie Calianax* .

Cal . Der König kann dies tun, und er kann es nicht tun;
Meinem Kind wird Unrecht getan , es ist in Ungnade gefallen : Nun, wie
nun, Ehefrauen ?
Was ist für Sie angenehm? Ist das eine Zeit, still zu sitzen? Steht auf, ihr
jungen Lazie- Huren, auf oder ab Ich habe dich geschwängert .

Olymp . Nein, gut, mein Herr.

Cal. Du wirst dich gleich hinlegen, reingehen und arbeiten;
Warum bist du so erholsam geworden ? Sie wollen Ohren,
wir werden einige der Hofjungen mit diesem Amt beauftragen.

Ameise. Mein Herr, wir tun nicht mehr, als uns aufgetragen wird :
Es ist die Freude der Damen, dass wir so in Trauer sind; Sie ist verlassen.

Cal. Es gibt auch einen Schurken,
einen jungen, heuchlerischen Sklaven; Nun, lass dich rein, ich werde einen
Kampf mit diesem Jungen haben; Es ist höchste Zeit,
tapfer zu sein. Ich gestehe, dass ich in meiner Jugend nie so geneigt war:
Was, einen Arsch gemacht? Ein Gericht abgestanden? Nun, ich werde
tapfer sein und einige Dutzend dieser Welpen besiegen; Ich werde; Und da
ist noch einer von ihnen , ein gepflegter, betrügerischer Souldier ,
Ich werde diesen Schurken zerfleischen, er hat mich zweimal
übertroffen ;
Aber jetzt danke ich den Göttern, dass ich tapfer bin; Geh, hol dich rein,
ich werde mit allen einen Kurs machen.

[*Geh weg, Omnes* .

Actus Tertius .

Es treten Cleon, Strato und Diphilus auf .

Cle . Deine Schwester ist noch nicht wach.

Diph . Oh, Bräute müssen sich morgens ausruhen, die Nacht ist
beschwerlich.

Stra . Aber nicht langweilig.

Diph . Wie groß ist die Wahrscheinlichkeit, dass er heute Abend nicht den
Jungfernkopf meiner
Schwester hat ?

Stra . Nein, es stehen die Chancen gegen jeden lebenden Bräutigam, er
Ne're bekommt es, solange er lebt.

Diph . Du bist fröhlich mit meiner Schwester , du gibst
mir bitte die gleiche Freiheit wie deine Mutter.

Stra . Sie steht Ihnen zur Verfügung.

Diph . Dann ist sie fröhlich genug , sie braucht kein Kitzeln; klopfe an die
Tür.

Stra . Wir werden sie unterbrechen.

Diph . Egal, sie haben das Jahr vor sich. Guten Morgen Schwester; Schone
dich selbst Heute wird die Nacht wieder kommen.

[*Amintor betreten* .

Amint . Wer ist da, mein Bruder ? Ich bin noch nicht bereit,
deine Schwester ist aber jetzt wach.

Diph . Du siehst aus, als hättest du heute Nacht deine Augen verloren; Ich
glaube, du hast nicht geschlafen.

Amint . Ich glaube, das habe ich nicht.

Diph . Dann hast du es besser gemacht.

Amint . Wir haben es für einen Jungen gewagt; wenn er zwölf Jahre alt ist,
wird er gegen die Feinde von
Rhodos befehlen .

Stra . Das kannst du nicht, du willst schlafen.
[*Beiseite* .

Amint . Es ist wahr; aber sie
, als hätte sie *Lethe getrunken* oder Even with Heaven gemacht
, sorgte für einen so ruhigen Schlaf, so süß und gesund.

Diph . Was ist das?

Amint . Deine Schwester macht sich heute Morgen Sorgen und richtet ihren
Blick auf mich, als ob die Leute ihren Henker im Auge hätten; sie reibt sich
und küsst und reibt sich wieder und klatscht mir auf die Wangen; sie ist in
einer anderen Welt.

Diph . Dann hatte ich verloren; Ich wollte gerade hinlegen, du hattest
ihren Jungfrauenkopf heute Nacht nicht bekommen.

Amint . Ha! er verspottet mich nicht; Du hast tatsächlich verloren;
Ich bin es nicht gewohnt, herumzupfuschen.

Cleo . Du hast sie verdient.

Amint . Ich habe meine Lippen auf ihre gelegt und diesen wilden Atem, der
gestern Abend unhöflich und rau zu mir war

[_Beiseite.

War süß wie *April* ; Ich werde auch schuldig sein,
wenn das die Folgen sind.

[*Melantius tritt auf* .

Mel . Guten Tag , *Amintor* , denn für mich
ist der Name „Bruder" zu weit entfernt; Wir sind Freunde, und das ist
näher.

Amint. Lieber *Melantius*!
Lass mich dich sehen; Ist es möglich?

Mel. Was für ein plötzlicher Blick ist das?

Amint. Es ist wunderbar seltsam.

 Mel. Warum verlangt dein Auge einen so strengen Blick
auf das, was es so gut kennt? Hier gibt es nichts, was nicht dein ist.

 Amint. Ich wundere mich sehr , *Melantius* ,
diese edlen Blicke zu sehen, die mich denken lassen, wie ehrgeizig du bist;
Und plötzlich
kommt es mir seltsam vor, dass du Wert und Ehre haben sollst ,
oder dass du nicht niedrig, falsch, verräterisch und jedes Übel sein sollst.
Aber-

 Mel. Bleib, bleib mein Freund,
ich fürchte, dieser Klang wird nicht unsere Liebe werden; nicht mehr,
umarme mich.

Amint. Oh, verwechsel mich nicht;
Ich weiß, dass du voll von all den Taten bist, die wir gebrechlichen
Menschen gut nennen; aber durch den Lauf der Natur solltest du dich so
schnell verändern
wie die Winde, verstellend wie das Meer, das jetzt so glatte Brauen trägt wie
Jungfrauen Er lockt den Kaufmann dazu, in sein Gesicht einzudringen, und
in einer Stunde ruft er seine Wellen auf und schießt sie auf die Sonne,
wobei
er alles zerstört, was er bei sich trägt. O wie nah bin ich

[*Beiseite* .

Um meine kranken Gedanken auszusprechen!

Mel. Aber warum, mein Freund, sollte ich von Natur aus so sein?

 Amin. Ich habe deine Schwester geheiratet, die schwindelerregende
Gedanken
hat, die für eine ganze Familie ausreichen, und es ist seltsam, dass du keinen
Mangel verspürst.

Mel. Glauben Sie mir, diese Ergänzung ist zu raffiniert für mich.

Diph. Was soll ich denn im Lauf der Natur sein, nachdem beide mich so
vieler Tugenden beraubt haben ?

Strat. O rufe die Braut, mein Herr *Amintor* , damit wir sie erröten sehen
und ihre Augen senken können; Es ist der schönste Sport.

Amin . *Evadne* !

Evad . Mein Herr! [*Innerhalb* .

Amint . Komm heraus, meine Liebe,
deine Brüder kommen und wünschen dir Freude.

Evad . Ich bin noch nicht fertig.

Amint . Genug genug.

Evad . Sie werden mich verspotten.

Amint . Glaube, du wirst eintreten.

[*Evadne tritt auf* .

Mel . Guten Morgen Schwester; Wer versteht,
wen du geheiratet hast, braucht dir keine Freude zu wünschen. Du hast
genug, pass auf, sei nicht stolz.

Diph . O Schwester, was hast du getan!

Evad . Ich getan! warum was habe ich gemacht?

Strat . Mein Lord *Amintor* schwört, dass Sie jetzt keine Magd mehr sind.

Evad . Drücken!

Strat . Ich glaube, das tut er.

Evad . Ich wusste, dass ich spotten sollte .

Diph . Mit einer Wahrheit.

Evad . Wenn ich es noch einmal tun würde, würde ich im Glauben nicht
heiraten.

Amint . Nicht ich beim Himmel. [*Beiseite* .

Diph . Schwester, Dula schwört, sie hat dich zwei Zimmer weiter weinen
hören.

Evad . Pfui wie du redest!

Diph . Lass uns dich gehen sehen.

Evad . Bei meiner Treue, das seid ihr verwöhnt .

Mel . *Amintor* !

Amint . Ha!

Mel . Du bist traurig.

Amint. Wer ich? Ich danke dir dafür, soll *Diphilus*, du und ich, einen Fang singen?

Mel. Wie!

Amint. Prethee lasst uns .

Mel. Nein, umgekehrt ist das zu viel.

Amint. Ich bin so erfüllt von meinem Glück: Wie liebst du? Küss mich.

Evad. Ich kann dich nicht lieben, du erzählst Geschichten von mir.

Amint. Nichts als das, was uns gebührt: Meine Herren,
wünschten Sie alle diese Frauen und die ganze Welt, damit ich kein Wunder
wäre; Ihr seid alle traurig;
Was, beneiden Sie mich? Ich gehe, als ob ich
auf dem Wasser laufe und nicht sinke, ich bin so leicht.

Mel. Es ist gut, dass du so bist.

Amint. Also? Wie kann ich anders sein, wenn sie so aussieht? Gibt es dort
keine Musik ? Lass uns tanzen.

Mel. Warum? Das ist seltsam, *Amintor*!

Amint. Ich kenne mich selbst nicht ; Dennoch könnte ich mir wünschen,
dass meine Freude geringer wäre.

Diph. Ich werde auch heiraten, wenn es einem so geht.

Evad. *Amintor*, horche. [*Beiseite* .

Amint. Was sagt meine Liebe? Ich muss gehorchen.

Evad. Du tust es skrupellos, es wird bemerkt werden .

Cle. Mein Herr der König ist hier.

[*King und Lysi treten auf* .

Amint. Wo?

Stra. Und sein Bruder .

König. Guten Morgen allerseits.
   Amintor, Freude kommt, Freude strömt auf dich herab!
Und meine Dame, Sie sind verändert, seit ich Sie gesehen habe,
ich muss Sie grüßen; du bist jetzt ein anderer ;
Wie gefällt dir deine Nachtruhe?

Evad. Kranker Herr.

Amint. ICH! ' Tat nahm sie nur wenig.

Lys . Du wirst sie mehr nehmen lassen und ihr zu kurz danken.

König . *Amintor* , warst du wirklich ehrlich, bis du verheiratet warst?

Amint . Jawohl.

König . Sag mir denn, wie zeigt dir dieser Sport?

Amint . Warum gut.

König . Was hast du gemacht?

Amint . Nicht mehr und nicht weniger als andere Paare;
Sie wissen, was es ist; es hat nur einen Kursnamen.

König . Aber bitte , ihr blaues Auge und ihre roten Wangen lassen vermuten
, dass sie in diesem gleichen Geschäft schnell und rührig sein sollte, ha?

Amint . Ich kann es nicht sagen, das tue ich nicht probiert anderer Herr,
aber ich verstehe, dass
sie genauso schnell ist wie Sie.

König . Nun, dann vertraust du mir, *Amintor* , eine Frau für
dich auszuwählen ?

Amint . Nein, niemals, Sir.

König . Warum? Gefällt dir das so krank?

Amint . So gut, ich mag sie.
Dafür beuge ich meine Knie zum Dank vor dir, und dem Himmel werde
ich stündlich meinen dankbaren Tribut zollen, und in der Hoffnung, dass
wir hier ein langes, zufriedenes gemeinsames Leben führen und beide voller
grauer Haare an einem Tag sterben werden; Dafür gebührt Ihnen der Dank;
Aber wenn die Mächte, die uns beherrschen, rufen Sie sie bitte zuerst weg.
Ohne Stolz spricht diese Welt keine Frau, die würdig ist, ihr Zimmer zu
nehmen.

König . Ich mag das nicht; Alle meiden den Raum,
außer Ihnen, *Amintor* und Ihrer Dame. Ich habe eine Rede mit
Ihnen, die Sie nach einem guten Leben betreffen könnte. *Amint* . Er wird
mir nicht sagen, dass er bei ihr liegt. Wenn
er es tut ,
wird etwas Himmlisches mein Herz aufhalten, denn ich werde geneigt sein,
meinen Arm zu gesetzwidrigen Handlungen zu stoßen.

König . Du wirst zulassen, dass ich mit ihrem *Amintor* rede ,
ohne dass ich eifersüchtig werde!

Amint . Sir, ich wage es, meiner Frau zu vertrauen,
mit der sie zu reden wagt, und nicht eifersüchtig zu sein.

König. Wie gefällt dir *Amintor*?

Evad. So wie ich es getan habe, Sir.

König. Wie ist das!

Evad. Um deinen Willen und dein Vergnügen zu erfüllen,
habe ich mir erlaubt, mich Ehefrau und Liebe zu nennen.

König. Ich sehe, dass es keinen dauerhaften Glauben an die Sünde gibt;
Wer das Wort mit dem Himmel bricht, wird erneut mit der ganzen Welt
brechen, und das tust du auch mit mir.

Evad. Wie, Sir?

König. Dieses subtile Die Unwissenheit
der Frau wird dich nicht entschuldigen; Du hast so große Eide geleistet,
dass sie nicht gut in den Mund einer Frau passen würden , dass du nie einen
anderen Mann als mich genießen würdest.

Evad. Ich habe es nie geschworen; Du tust mir Unrecht.

König. Tag und Nacht haben es gehört.

Evad. Ich habe tatsächlich geschworen, dass ich niemals einen Mann von
niedrigerem Stand lieben würde ;
aber wenn dein Schicksal dich von dieser Höhe stürzen sollte, habe ich dir
gesagt, dass ich dich verlassen und mich ihm beugen würde, der deinen
Thron gewonnen hat; Ich liebe mit meinem Ehrgeiz, nicht mit meinen
Augen; aber wenn ich jemals noch
            Berührte irgendetwas anderes, Lepra- Licht hier
auf meinem Gesicht, das ich für dein Königtum nicht beflecken würde.

König. Warum verstellst du dich , und es liegt an mir, dich zu bestrafen.

Evad. Nun, es liegt an mir, dich nicht zu lieben, was deinen Körper mehr
belasten wird, als deine Strafe meinen kann.

König. Aber du hast *Amintor* bei dir liegen lassen.

Evad. Ich habe es nicht getan .

König. Frechheit! er sagt es selbst.

Evad. Er lügt .

König. Tut er nicht.

Evad. Aus diesem Licht betrachtet tut er es auf seltsame und
niederträchtige Weise und

Ich werde es beweisen; Ich habe ihn keine Nacht lang gemieden, ihm aber gesagt, dass ich mich nie mit ihm abfinden würde.

König. Sprechen Sie leiser, das ist falsch.

Evad. Ich bin kein Mann, der mit einem Schlag antworten kann; Oder wenn ich es wäre, wären Sie der König; aber dränge mich nicht, das ist wahr.

König. Kenne ich nicht die unkontrollierten Gedanken , die die Jugend mit sich bringt, wenn ihr Blut voller Erwartung und Sehnsüchten ist , auf die er schon lange gewartet hat? Ist sein Geist nicht, obwohl er gemäßigt ist, von tapferer Abstammung, wie dies unser Zeitalter erfahren hat? Was könnte er tun, wenn solch eine plötzliche Rede sein Blut getroffen hätte, als dich für immer zu ruinieren ? Wenn er dich nicht getötet hätte , könnte er es nicht so ertragen; Er ist wie wir oder jeder andere ungerecht behandelte Mensch.

Evad. Es ist eine Verstellung.

König. Nimm ihn; Abschied ; von nun an bin ich dein Feind; Und nach welcher Schande kann ich dich beflecken?

Evad. Bleiben Sie, Herr; *Amintor*, du wirst hören, *Amintor*.

Amint. Was meine Liebe?

Evad. *Amintor*, du hast ein geniales Aussehen und solltest ehrgeizig sein ; Es erstaunt mich, dass du solch niederträchtige, bösartige Lügen machen kannst .

Amint. Was, meine liebe Frau?

Evad. Liebe Frau! Ich verachte dich; Nichts kann niederträchtiger sein, als Zwietracht unter Liebenden zu säen.

Amint. Liebhaber! WHO?

Evad. Der König und ich.

Amint. O Himmel!

Evad. Wer würde lange leben und ohne Abscheu lieben, wenn da nicht so viel Dankbarkeit wäre wie du! Hast du bei mir gelogen? Schwöre jetzt und werde dafür in der Hölle bestraft .

Amint. Die treulose Sünde, die ich der schönen *Aspatia begangen habe* , ist noch nicht gerächt .

Sie folgt mir; Ich werde kein Wort zu dieser wilden Frau verlieren; Aber dir,
mein König, stößt die Angst meiner Seele auf diese Wahrheit: Du bist ein
Tyrann. und einem ehrlichen Mann nicht so sehr Unrecht zu tun
, als vielmehr stolz darauf zu sein, mit ihm darüber zu sprechen.

Evad. Nun, Sir, sehen Sie, wie laut dieser Kerl gelogen hat .

Amint. Wer Unrecht tun kann, sollte wissen, wie
Menschen sich selbst wiedergutmachen müssen: Welche Strafe ist von mir
für den fällig, der mein Bett missbraucht! Es ist nicht der Tod; Das kann
auch nicht genügen ,
es sei denn, ich sende eure Leben durch das ganze Land, um zu zeigen, wie
edel ich mich befreit habe .

König. Ziehe nicht dein Schwert, du weißt, dass ich die Hand
eines Untertanen nicht fürchten kann ; aber du wirst die Last davon spüren,
wenn du wütest.

Amint. Das Gewicht davon?
Wenn du irgendeinen Wert hast, glaube um Himmels willen
, ich fürchte mich nicht vor Schwertern; denn da du ein einfacher Mensch
bist,
wage ich es, dich für diese Tat so leicht zu töten,
wie du es zu denken wagst; aber um dich herum ist Göttlichkeit, die meine
aufsteigenden Leidenschaften totschlägt. Da du mein König bist, falle ich
vor dir nieder und präsentiere mein Schwert, um mein eigenes Fleisch zu
zerschneiden, wenn es dein Wille ist. Ach! Ich bin nichts als eine Vielzahl
wandelnder Kummer; Sollte ich dich dennoch ermorden ,
könnte ich vor aller Welt die Entschuldigung des Wahnsinns annehmen:
Vergleiche doch meine Verletzungen, und sie werden wohl als eine zu
traurige Last erscheinen, als dass sie einen Grund hätten, sie zu ertragen;
aber ich falle zuerst inmitten meiner Sorgen, bevor meine verräterische
Hand heilige Dinge berührt: aber warum? Ich weiß nicht, was ich zu sagen
habe; Warum hast du mich ausgewählt, um mich so elend zu machen? Es
gab tausend Narren, mit denen man leicht umgehen konnte, und die auf der
Insel von einiger Bedeutung waren.

Evad. Ich möchte keinen Narren haben, es wäre kein Kredit für mich.

Amint. Schlechter und schlechter!
Du, der du es wagst, so mit deinem Mann zu reden,
behaupte, du seist eine Hure; und mehr noch: Entschließe dich, so still zu
sein; Es ist mein Schicksal, tausend Kummer zu ertragen und zu beugen,
diesen kleinen Kredit der Welt zu bewahren. Aber es gab auch weise, Sie
hätten vielleicht einen
anderen bekommen.

König . NEIN; denn ich glaube, dass du ehrlich bist, da du tapfer warst.

Amint . All das Glück
               Mir
geschenkt , verwandelt sich in Schande; Die Götter nehmen eure
Ehrlichkeit wieder in Anspruch, denn ich bin damit beladen; Gut, mein
Herr, der König, seien Sie privat darin.

König . Du kannst *Amintor* leben ,
frei wie dein König, wenn du dabei blinzelst und ein Mittel dafür bist, dass
wir uns im Verborgenen treffen können.

Amint . Ein Baud! Halte meine Brust, ein bitterer Fluch.
Ergreife mich, wenn ich nicht alle religiösen Respekte vergesse, bei einem
anderen Wort, das so klang, und durch ein Meer von Sünden
zu meiner Rache waten würde, obwohl ich
Schmerzen hier und nach dem Leben heraufbeschwören würde meine
Seele.

König . Nun, ich bin fest davon überzeugt, dass du nicht bei ihr bleibst
und dich verlässt.

[*König verlassen* .

Evad . Sie müssen schwatzen und sehen, was folgt.

Amint . Prethee ärgere mich nicht.
Verlass mich, ich habe Angst, dass ein plötzlicher Anfall mich umbringen
wird .

Evad . Ich bin weg; Ich liebe mein Leben sehr.

[*Evadne verlassen* .

Amint . Ich hasse meine genauso sehr.
Das ist, um eine Treue zu brechen; Ich wäre froh, wenn mich dieser ganze
Kummer wahnsinnig machen würde.

[*Beenden* .

Auftritt Melantius .

Mel . Ich werde die Ursache aller Kummer *der Amintors kennen* , sonst wird
die Freundschaft nutzlos sein.

[*Betreten Sie Calianax* .

Cal . O *Melantius* , meine Tochter wird sterben.

Mel . Vertrauen Sie mir, es tut mir leid; hättest du gehabt Ta'ne ihr Zimmer.

Cal. Du bist ein Sklave, ein halsabschneiderischer Sklave, ein verdammter, verräterischer Sklave.

Melan. Hüte dich vor dem alten Mann, man wird dich toben hören und deine Ämter verlieren.

Cal. Ich bin
in all diesen Jahren tapfer geworden, und du bist nur ein Sklave.

Mel. Geh, es wird Gesellschaft kommen, und ich respektiere
deine Jahre, nicht dich so sehr, dass ich mir wünschen könnte, über dich allein zu lachen.

Cal. Ich werde dir die Freude verderben, ich habe vor, mit dir zu kämpfen; Da liegt mein Umhang, das war das Schwert meines Vaters, und er wagte den Kampf; Bist du vorbereitet ?

Mel. Warum? Willst du dich selbst aus deinem Leben verbannen? Geh also zu Bett, pass gut auf dich auf und iss
warme Speisen und beunruhige mich nicht: Mein Kopf ist voller Gedanken , die schwerer sind , als dein Leben oder dein Tod sein können.

Cal. Du hast einen Namen im Krieg, wenn du inmitten einer Menge sicher stehst ;
aber ich werde versuchen, was du einem schwachen alten Mann im Einzelkampf anzutun wagst; Du wirst erden, fürchte ich: Komm und zeichne.

Mel. Ich werde nicht ziehen, es sei denn, du schlägst deinen Tod mit einem Schlag auf dich; Es gibt keinen Schlag, den du geben kannst, der stark genug ist, mich zu töten. Dann verführen Sie mich nicht so weit; Die Macht der Erde wird dich nicht erlösen.

Cal. Ich muss ihn in Ruhe lassen,
er ist kräftig und fähig; Und um die Wahrheit zu sagen: Wie auch immer ich mich verhalte und rede, ich bin nicht tapfer. Als ich ein junger Mann war, bewahrte ich meinen Ruf mit einem Trick, den ich hatte, unter Feiglingen , aber ich durfte nie kämpfen.

Mel. Ich werde nicht versprechen, Ihr Leben zu retten, wenn Sie bleiben.

Cal. Ich würde die Hälfte meines Landes, das ich mit diesem stolzen Mann zu kämpfen wagte, ein wenig hergeben: Wenn ich Männer hätte, die ich halten könnte, würde ich ihn schlagen, bis er mich um Gnade bittet .

Mel. Sir, werden Sie weg sein?

Cal. Ich wage nicht zu bleiben, aber ich werde nach Hause gehen und meine Diener dafür verprügeln.

[*Verlassen Sie Calianax* .

Mel . Dieser alte Kerl verfolgt mich,
aber die abgelenkte Haltung meines *Amintors*
nimmt mich tief in Beschlag, ich werde die Ursache finden; Ich fürchte,
sein Gewissen schreit, er hat Unrecht getan *Aspatia* .

Auftritt Amintor .

Amint . Die Augen der Menschen sind nicht so scharfsinnig , um Mein
inneres Elend zu erkennen ;
Ich trage meinen Kummer verborgen vor der Welt; Wie elend bist du dann?
Denn sollte ich es wissen, sind alle Ehemänner wie ich; Und jeder, mit dem
ich von seiner Frau spreche, ist nur ein guter Verschwörer seiner Leiden, so
wie ich es bin; Hätte ich es gewusst, denn die Seltenheit quält mich jetzt.

Mel . *Amintor* : Wir haben unsere Freundschaft in letzter Zeit
nicht genossen , denn wir pflegten unsere Seele im Gespräch zu belasten.

Amint . *Melantius* , ich kann dir einen guten Scherz über *Strato* und
eine Dame am letzten Tag erzählen.

Mel . Wie verschwendet ?

Amint . Warum so seltsam?

Mel . Ich wollte schon lange mit Ihnen sprechen, nicht über einen
erzwungenen Scherz , sondern über Dinge, die Sie mir unbedingt sagen
müssen.

Amint . Was ist das, mein Freund?

Mel . Ich habe beobachtet , dass deine Worte
wild von deiner Zunge fallen; und deine ganze Haltung, wie einer, der sich
bemühte, seine fröhliche Stimmung zu zeigen, als es ihm schlecht ging : du
warst es nicht gewohnt,
solche Verachtung in deine Rede zu legen oder auf deinem Gesicht
lächerliche Fröhlichkeit zu tragen: Hier sitzt eine gewisse Traurigkeit, die
deine List würde uns mit einem Lächeln bedecken, aber er wird es nicht
sein. Was ist es?

Amint . Eine Traurigkeit hier! Welchen Grund
kann das Schicksal für mich bereitstellen, um mich dazu zu machen? Werde
ich nicht auf dieser ganzen Insel geliebt ? Der König
lässt Größe auf mich herabregnen: Habe ich nicht eine Dame in meinem
Bett empfangen, die in ihren Augen immer wieder Feuer aufsteigen lässt
und auf ihren zarten Wangen unvermeidliche Farbe , in ihrem Herzen
ein Gefängnis für alle Tugenden ? Bist du nicht,
der vor allem Freude hat , mein ständiger Freund?

Welche Traurigkeit kann ich haben? Nein, ich bin leicht und fühle die
Strömungen meines Blutes wärmer und bewegender als zuvor; Glaube
heirate auch, und du wirst eine so unausgesprochene Freude
in keuschen Umarmungen empfinden , dass du tatsächlich wie ein anderer
erscheinen wirst.

Mel. Du kannst, *Amintor* ,
Gründe schaffen, die ganze Welt damit zu beeindrucken, und auch dich
selbst ; aber es ist nicht wie ein Freund,
deine Seele vor mir zu verbergen; Es liegt nicht in deiner Natur, so untätig
zu sein; Ich habe dich stehen sehen, als du verwüstet wurdest; Rufen Sie
inmitten all Ihrer Heiterkeit dreimal laut und fangen Sie dann an, Freude
vorzutäuschen. So kalt: Welt! Was soll ich hier ? Ein Freund
ist nichts, Himmel! Ich hätte diesem Mann
meine geheimen Sünden erzählt; Ich werde ein unbekanntes Land
durchsuchen
und dort Freundschaft knüpfen, alles ist hier verdorrt;
Komm mit einer Ergänzung, ich hätte gekämpft, oder meinem Freund
gesagt, dass er es getan hätte , bevor er ihn so beruhigt hätte ;
Aus meinem Busen.

Amint . Aber da ist nichts.

Mel . Schlechter und schlechter; Abschied ; Habe aus dieser Zeit Bekannte,
aber keinen Freund.

Amint . *Melantius* , bleib, du wirst wissen, was das ist.

Mel . Sehen Sie, wie Sie mit Freundschaft gespielt ; Lassen Sie sich beraten ,
wie Sie
sich selbst Anlass geben zu sagen: „Sie haben einen Freund verloren .“

Amint . Vergib, was ich getan habe;
Denn ich bin so erschöpft von unerhörten Verletzungen, dass ich die
Überlegung verliere, was ich tun sollte – oh – oh.

Mel . Nicht Weinen; Was ist nicht ?
Darf ich nur einmal den Mann kennen, der meinen Freund so bekehrt hat ?

Amint . Ich hatte zuerst gesprochen , aber das.

Mel . Aber was?

Amint . Ich hielt es für höchst ungeeignet,
dass du es weißt; Der Glaube weiß es noch nicht.

Mel . Du siehst meine Liebe, die dir in Tränen Gesellschaft leisten wird ;
verstecke also nichts vor mir; Denn wenn ich die Ursache deiner Seuche

erkenne, mit meiner eigenen Rüstung Ich werde mich selbst schmücken ,
meine Entschlossenheit, und deine Feinde durchschneiden, bis du still bist,
bis ich dein Herz so friedvoll wie makellose Unschuld verleihe. Was ist es?

Amint . Nun, es ist das – es ist zu groß.
Um rauszukommen, lass meine Tränen eine Weile weichen.

Mel . Bestrafe mich seltsam, der Himmel, wenn er dem Leben oder dem
Ruhm entkommt
, der diesen Jugendlichen hierher gebracht hat.

Amint . Deine Schwester.

Mel . Gut gesagt.

Amint . Du ich Ich wünsche es dir nicht unbekannt, wenn du es gehört hast.

Mel . NEIN.

Amint . Es gibt viel Schuld, und sie hat ihre
Ehre dem König überlassen und
lebt mit ihm in der Hurerei.

Mel . Wie das!
Du bist wirklich wahnsinnig vor Verletzung, du könntest dies nicht anders
aussprechen; Sprich noch einmal,
denn ich vergebe es großzügig; erzähle deinen Kummer.

Amint . Sie ist mutwillig; Ich kann nicht sagen, dass es eine Hure ist,
auch wenn es wahr ist.

Mel . Sprich noch einmal, bevor mein Zorn
über das Niederwerfen hinaus wächst; Was sind deine Sorgen?

Amint . Bei all unserer Freundschaft, diese.

Mel . Was? Bin ich zahm?
Wird der Name meines Freundes nach meinen Taten unsere ganze Familie
auslöschen und meine Schwester ohne Rache mit dem Brandzeichen der
Hure prägen ?
Mein zitterndes Fleisch sei ein Zeuge für mich, mit welcher Abneigung ich
gehe, um diesen Rayler zu geißeln , den meine Torheit Freund genannt hat ;
Ich werde dich nicht geringschätzen; Dein Schwert hängt neben deiner
Hand, ziehe es, damit ich deine Unbesonnenheit zur Reue peitsche; Zieh
dein Schwert.

Amint . Nicht auf dir schwoll dein Zorn so stark an
wie die wilden Wogen; Du solltest mir hier und in Ewigkeit Erleichterung
verschaffen , wenn deine edle Hand mich von meinen Sorgen befreien

würde.

Mel. Das ist niederträchtig und furchteinflößend! Diejenigen, die es gewohnt sind ,
Lügen auszusprechen , liefern keine Schläge, sondern Worte, um die Männer zu qualifizieren , denen sie
Unrecht getan haben ; Du hast eine schuldige Sache.

Amint. Du gefällst mir; denn so viel mehr wie dieses
wird meinen Zorn über meinen Kummer erheben, was eine Leidenschaft ist, die leichter zu entwickeln ist, und ich werde dann glücklich sein.

Mel. Nimm dann mehr, um deinen Zorn zu steigern. Es ist mehr
        Feigheit lässt dich nicht ziehen; und ich werde dich
tot zurücklassen. aber wenn du so sehr von Schuldgefühlen und Angst geplagt bist
, dass du es nicht wagst zu kämpfen, werde ich dein Andenken verabscheuen und einen Skandal
auf deinen Namen für immer richten.

Amint. Dann zücke ich,
so gerecht wie unsere Richter ihre Schwerter, um Übeltäter abzuschneiden;
Ich wusste schon vorher, dass ich dir die Ohren reiben würde . aber es war eine Niedrigkeit von dir,
deinem Freund ein wichtiges Geheimnis aufzudrängen und dich dann darüber zu ärgern; Ich werde beruhigt sein, wenn ich getötet werde ; und wenn du an mir fällst,
werde ich dich nicht mehr lange überleben.

Mel. Bleib eine Weile.
Der Name eines Freundes ist mehr als Familie oder die ganze Welt darüber hinaus; Ich war ein Narr. Du suchst nach menschlicher Natur , die erwacht ist
, um mir Unrecht zu tun, du bist neugierig und stößt mich auf Fragen, die mir den Schlaf rauben werden; Wäre ich gestorben, bevor ich diese traurige Schande erfahren hätte
? verzeih mir, mein Freund;
Wenn du zuschlagen willst, hier ist ein treues Herz, durchbohre es, denn ich werde meine Hand niemals zu deiner erheben; Siehe, welche Macht du in mir hast! Ich glaube wirklich, dass meine Schwester eine Hure ist, eine Aussätzige, erhebe dein Schwert, junger Mann.

Amint. Wie soll ich es dann ertragen, wenn sie so ist?
Ich fürchte, mein Freund, dass du mich bald verlieren wirst; Und ich werde

durch diese Schande selbst
eine üble Tat begehen .

Mel . Besser die Hälfte des Landes
wurde schnell zusammen begraben; Nein, *Amintor* ,
Du sollst Ruhe haben: O dieser ehebrecherische König, der sie dazu
verführt hat ! Woher hat er den Geist,
mir so Unrecht zu tun?

Amint . Was geht es mir denn an,
wenn es dir Unrecht ist!

Mel . Warum nicht so sehr: Der Kredit unseres Hauses
ist weggeworfen; Aber aus seiner eisernen Höhle werde ich den Tod erwecken
und ihn auf diesen König schleudern ; Meine Ehrlichkeit
wird mein Schwert stählen, und an seiner schrecklichen Spitze werde ich
meine Sache tragen, die die Augen dieses stolzen Mannes in Erstaunen
versetzen und zu glitzernd sein wird, als dass er es ansehen könnte.

Amint . Ich habe meinen Ruhm völlig zunichte gemacht.

Mel . Trockne deine feuchten Augen
und wirf einen männlichen Blick auf mein Gesicht; Denn nichts ist so wild
wie ich, dein Freund, Bis ich dich befreit habe; immer noch diese
geschwollene Brust; So gehe ich von dir weg und werde meine Rache nie
aufgeben, bis ich Frieden in meinem Herzen gefunden habe.

Amint . Es darf nicht so sein; Bleib, meine Augen würden zeigen,
wie sehr ich dazu Abneigung empfinde; aber Liebe und Tränen lassen mich
eine Weile, denn ich habe alles riskiert, was diese Welt glücklich nennt; Du
hast unter dem Namen eines Freundes ein Geheimnis vor mir geschmiedet,
das Art niemals hätte finden können, noch hätte es
mir durch Folter aus der Brust geprellt; Gib es mir , denn
ich werde es finden, wo es liegt.
Versteckt im sterblichen Teil; Erfinde einen Weg, es zurückzugeben.

Mel . Warum möchten Sie es zurückhaben?
Ich werde ihn mit Rache bis zum Tod verfolgen.

Amint . Deshalb rufe ich es von dir zurück; Denn ich weiß, dass
dein Blut so hoch ist, dass du dich darin aufregen und mich beschämen
wirst. Für die Nachwelt: Nimm deine Waffe.

Mel . Höre deinen Freund, der mehr Jahre erträgt als du.

Amint . Ich werde nicht hören: aber zeichne, oder ich —

Mel . *Amintor* .

Amint . Zeichne also, denn ich bin so entschlossen,
wie Ruhm und Ehre mich nur
stärken können ; Ich kann nicht verweilen, zeichnen.

Mel . Das tue ich – aber ist
mein Anteil an Kredit nicht gleich dem Ihren, wenn ich mich rühre?

Amint . NEIN; denn es wird gerufen
        Ehre sei dir, das Blut deiner
Schwester zu vergießen, wenn sie ihre Geburt missbraucht, und an dem
König eine mutige Rache: aber an mir, der ich mit Geduld gegangen bin
, wird es den Namen des ängstlichen Hahnrei festigen – O dieses Wort! sei
schnell.

Mel . Dann freue dich mit mir.

Amint . Ich wage es nicht, eine Sünde zu begehen, sonst würde ich: schnell
sein.

Mel . Dann wage es nicht, mit mir zu kämpfen, denn das ist eine Sünde.
Seine Trauer lenkt ihn ab; Nenne deine Gedanken Agen ,
und sprich dir selbst den Namen eines Freundes
aus , und sieh, was das bewirken wird; Ich werde nicht kämpfen.

Amint . Du musst.

Mel . Ich werde zuerst getötet werden , obwohl meine Leidenschaften
dir Ähnliches bieten; Es ist nicht diese Erde, die meinen Verstand dafür
kaufen wird; Denken Sie eine Weile nach, denn Sie sind (ich muss weinen,
wenn ich das spreche) fast außer sich selbst .

Amint . Oh mein weiches Temperament!
So viele süße Worte aus dem Mund deiner Schwester, ich fürchte, sie
würden mich dazu bringen, sie zu umarmen und ihr zu verzeihen. Ich bin
wirklich verrückt und weiß nicht, was ich tue; und doch kümmere dich um
mich in dem, was du tust .

Mel . Warum denkt mein Freund, ich werde seine Ehre vergessen oder, um
die Tapferkeit unseres Hauses zu retten, seinen Ruhm verlieren und Angst
haben, den Thron der Majestät zu berühren?

Amint . Darauf wird ein Fluch folgen, aber lebe
und leide lieber mit mir.

Mel . Ich werde tun, was der Wert mir verlangt, und nicht mehr.

Amint . Glaube, ich bin krank und hoffe verzweifelt, doch wenn ich mich so
lehne, fühle ich eine Art Leichtigkeit.

Mel . Komm und nimm deine Freude über dich auf.

Amint . Das werde ich nie tun .

Mel . Ich garantiere Ihnen, schauen Sie auf, wir gehen zusammen.
Legen Sie Ihren Arm hierher, alles wird gut .

Amint . Deine Liebe, oh Elender, ich, deine Liebe, *Melantius* ;
warum, ich habe nichts anderes.

Mel . Dann sei fröhlich.

[*Ausgehen. Melantius tritt auf agen* .

Mel . Dieser würdige junge Mann mag
sich selbst Gewalt antun, aber ich habe ihn
nach besten Kräften geschätzt und ihn lächelnd von mir geschickt, um ihn
erneut zu fälschen; Schwert halte deine Schärfe,
mein Herz wird mich nie verlassen: *Diphilus* ,
du kommst wie gesandt.

[*Diphilus tritt auf* .

Diph . Da drüben hat so viel gelacht.

Mel . Zwischen wem?

Diph . Nun, unsere Schwester und der König,
ich dachte, ihre Milz würde brechen. Sie lachten uns alle aus dem Zimmer.

Mel . Sie müssen weinen, *Diphilus* .

Diph . Müssen sie?

Mel . Sie müssen: Du bist mein Bruder , und wenn ich glauben würde,
dass Du einen niederträchtigen Gedanken hast , würde ich ihn herausreißen
und
dort liegen bleiben, wo er sein sollte.

Diph . Das solltest du nicht, ich würde mich zuerst selbst zerfleischen und
es finden.

Mel . Das wurde nach unserem Stamm gesprochen; kommen
        Erfülle deine Hände mit den meinen
und schwöre Standhaftigkeit gegenüber dem Vorhaben, das ich dir vorlegen
werde.

Diph . Du tust uns beiden Unrecht;
Die Menschen im Jenseits werden nicht sagen, dass es ein Band mehr gibt
als unsere Liebe, um unser Leben und unseren Tod miteinander zu
verbinden.

Mel. Es ist so edel gesagt, wie ich es mir wünschen würde;
Bald werde ich dir Wunder erzählen; Wir haben Unrecht.

Diph. Aber ich werde es Ihnen jetzt sagen, wir werden uns selbst
rechtfertigen.

Mel. Bleib nicht, bereite die Rüstung in meinem Haus vor;
Und welche Freunde können Sie auf unsere Seite ziehen?
Bereiten Sie sich auch vor, ohne die Ursache zu kennen.
Eile *Diphilus*, die Zeit erfordert es, Eile.

[*Verlassen Sie Diphilus*.

Ich hoffe, meine Sache ist gerecht, ich weiß, dass mein Blut
es mir sagt, und ich werde es anerkennen: Um Rache zu nehmen und dabei
mich selbst zu verlieren,
waren wir untätig; Und es ist unmöglich zu entkommen, ohne dass ich die
Festung hatte, deren Elend in den Händen meines alten Feindes *Calianax*
blieb, aber ich muss sie haben, seht ihr

[*Betreten Sie Calianax*.

Wo er zitternd an mir vorbeikommt: Guter Herr,
vergiss mir deine Milz, ich habe dir nie
Unrecht getan, sondern würde mit jedem Menschen Frieden haben.

Cal. Es ist gut;
Wenn ich es wagte zu kämpfen, würde deine Zunge schweigen.

Mel. Ja, das bist du Touchie ohne jeden Grund.

Cal. Machen Sie sich über mich lustig.

Mel. Bei meiner Ehre spreche ich die Wahrheit.

Cal. Ehre ? Wo ist das nicht ?

Mel. Sehen Sie, welche Anfänge Sie in Ihrem Hass auf meine Liebe und
Freiheit für Sie haben. – Ich komme mit der Entschlossenheit, einen Anzug
von Ihnen zu erhalten.

Cal. Ein Anzug von mir! Es ist sehr, als ob es gewährt werden sollte, Sir.

Mel. Nein, geh nicht von hier;
Das ist es; Du hast die Obhut des Forts, und ich wünsche dir, dass du es in
meine Hände übergibst, mit der Liebe, die du mir erweisen solltest.

Cal. Ich hoffe, dass du verrückt bist, so mit mir zu reden.

Mel. Aber es gibt einen Grund, Sie dazu zu bewegen. Ich würde den König
töten, der dir und deiner Tochter Unrecht getan hat.

Cal. Raus aus Traytor !

Mel. Nein, aber bleib; Ich kann der einmal vollbrachten Tat nicht entkommen ,
ohne dass ich diese Festung habe.

Cal. Und soll ich dir helfen? Jetzt ist dein verräterischer Geist
        verrät es selbst .

Mel. Komm, zögere mich nicht;
Gib mir eine plötzliche Antwort, oder schon ist Dein letztes gesprochen;
Lehne die nicht angebotene Liebe ab, wenn sie in Geheimnisse gehüllt ist.

Cal. Wenn ich sage, dass ich es nicht tue, wird er mich töten. Ich sehe es nicht
in seinen Blicken; Und sollte ich sagen, dass ich es tun werde, wird er rennen
und dem König sagen: Ich scheue deine Freundschaft nicht, lieber *Melantius*
.
Aber diese Sache ist wichtig, gib mir nur eine Stunde zum Nachdenken.

Mel. Nimm es – ich weiß, das geht an den König,
aber ich bin bewaffnet .
                [*Bsp. Melant* .

Cal. Ich denke, ich fühle mich selbst.
Aber jetzt zwanzig ; dieser kämpfende Narr
will Politik; Ich werde mein Mädchen rächen und sie wieder rot machen;
Ich bete, dass meine Beine so schnell durchhalten, dass ich sie tragen kann.
Mir wird der Atem fehlen, bevor ich den König finde.

Actus Quartus .

Eingeben Melantius , Evadne *und eine* Dame.

Mel. Rette dich.

Evad. Rette dich, süßer Bruder.

Mel. In meinen stumpfen Augen denke ich, dass du wie *Evadne aussiehst* .

Evad. Komm, du würdest mich erröten lassen.

Mel. Ich würde *Evadne* , sonst würde ich meinen Zielen missfallen.

Evad. Du wirst es tun, wenn du es mir befiehlst; Ich bin schüchtern;
Kommen Sie, Sir, wie sehe ich aus?

Mel. Ich möchte nicht, dass deine Frauen mich hören,
wenn ich dich lobe, das ist nicht angebracht.

Evad . Geh und warte auf mich in der Galerie – jetzt sprich.

Mel . Ich werde zuerst die Tür abschließen.

[*Geht ab, meine Damen* .

Evad . Warum?

Mel . Ich werde nicht zulassen, dass eure vergoldeten Dinger, die mit ihren Millan-Häuten im Besuch tanzen, mein Geschäft ersticken.

Evad . Sie sind seltsam eingestellt, Sir.

Mel . Gute Frau, nicht um Sie fröhlich zu machen.

Evad . Nein, wenn du mich lobst, wird es mich traurig machen.

Mel . So ein trauriges Lob, das ich für Sie habe.

Evad . Bruder, der Hof hat dich geistreich gemacht und das Rätseln gelernt.

Mel . Ich lobe das Gericht dafür ; hat es dir nichts beigebracht?

Evad . Mich?

Mel . Ich *Evadne* , du bist jung und gutaussehend ,
eine Dame mit süßem Teint und einer so fließenden Haltung, dass es nicht anders kann, als ein Königreich zu entzünden.

Evad . Sanfter Bruder!

Mel . Es ist noch in deiner Erinnerung, du törichte Frau, mich sanft zu machen.

Evad . Wie ist das?

Mel . Das ist schlecht, und ich könnte angesichts all meiner ehrenvollen Narben angesichts dieser Jahre erröten , dass ich zu einer solchen Auseinandersetzung gekommen bin .

Evad . Ich verstehe dich nicht.

Mel . Du wagst es nicht, Narr;
Diejenigen, die deine Fehler begehen, vertreiben die Erinnerung.

Evad . Meine Fehler, Sir! Ich möchte, dass du weißt, dass es mir egal ist, wenn sie hier, hier in meiner Stirn geschrieben stünden.

Mel . Dein Körper ist zu klein für die Geschichte,
deren Begierden eine andere Frau erfüllen würden, obwohl sie Zwillinge in sich hatte.

Evad . Das ist frech;
Schau, du störst dich nicht mehr, da liegt dein Weg.

Mel. Du bist mein Weg, und ich werde auf dir treten,
bis ich die Wahrheit herausfinde.

Evad. Nach welcher Wahrheit suchen Sie?

Mel. Deine längst verlorene Ehre : Hätten mir die Götter einen ihrer
lautesten Blitze gegeben ?
Komm, sag es mir schnell, tu es ohne Zwang und pass auf, dass Du mich
nicht über meinen Verstand hinaustreibst.

Evad. Wie, Sir? Woher hast du diesen Bericht?

Mel. Wo überall Menschen waren .

Evad. Sie und ihre Sekundanten sind niedrige Leute;
Glauben Sie ihnen nicht, sie haben gelogen .

Mel. Spiel nicht mit meinem Zorn, Elend,
ich lerne diesen verzweifelten Narren kennen, der dich von deinem
schönen Leben abgehalten hat; Sei weise und lege ihn offen.

Evad. Lass mich los und lerne Manieren, so eine andere
Vergesslichkeit verwirkt dein Leben.

Mel. Lösche mir diesen mächtigen Humor und sag mir dann,
wessen Hure du bist, denn du bist eine, das weiß ich. Lass alle meine Ehren
zugrunde gehen, aber ich werde ihn finden,
auch wenn er in deinem Blut eingeschlossen liegt ; sei plötzlich;
Man muss sich dem nicht stellen und sich nicht geschmeichelt fühlen; Die
verbrannte Luft, wenn der *Hund* ist nicht schlimmer
als dein ansteckender Name, bis deine Reue (sofern die Götter dir welche
gewähren) deine Krankheit beseitigt.

Evad. Geh weg, du bist mein Bruder , das ist deine Sicherheit.

Mel. Ich werde zuerst ein Wolf sein; Es ist, dein Bruder zu sein
. Eine Schande, die unter der Sünde eines Feiglings liegt. Ich bin ebenso
weit davon entfernt, ein Teil von dir zu sein, wie du von deiner Tugend bist
: Suche einen Verwandten
       Mongst sinnliche Tiere, und mach eine Ziege zu deinem Bruder,
eine Ziege ist cooler; verrätst du es mir schon?

Evad. Wenn Sie hier bleiben und so schimpfen, werde ich Ihnen sagen:
       Ich habe dich gepeitscht; Bring dich zu deinem Kommando
und predige dort deinen Wächtern und sag ihnen, was für ein tapferer
Mann du bist. Ich werde dich auslachen.

Mel. Du bist eine herrliche Hure geworden; Wo sind deine
Kämpfer? Welcher sterbliche Narr wagte es, dich zu diesem Wagemut zu

erziehen, und ich am Leben? Bei meinem gerechten Schwert wäre es
sicherer gewesen
, auf einer Woge zu reiten, wenn der wütende Norden
das Meer aufpflügt oder den Himmel seine Nahrung verbrennen lässt;
Arbeite mich nicht höher; wirst du es schon entdecken?

Evad. Der Kerl ist verrückt, schläft und spricht vernünftig.

Mel. Zwinge mein geschwollenes Herz nicht weiter; Ich würde dich retten;
Eure großen Bewahrer sind nicht hier, sie wagen es nicht, wären sie alle und
bewaffnet, ich würde laut sprechen; Hier ist einer, der zu ihnen donnern
sollte : Kannst du es mir sagen? Du hast keine Hoffnung zu entkommen;
Wer es am meisten wagt und seine Seele verdammt, dir zu dienen, wird eher
Fleisch von einem hungrigen Löwen holen, als dass er kommt, um dich zu
retten; Du hast den Tod um dich herum; er hat deine Ehre zunichte
gemacht , deine Tugend geschwächt , und von einer lieblichen Rose hat er
dir einen Krebs hinterlassen.

Evad. Lass mich überlegen.

Mel. Tue, wessen Kind du warst,
dessen Ehre du ermordet hast, dessen Grab du geöffnet hast ,
und hast die Götter so
angegriffen , dass sie ihm in ihrer Gerechtigkeit wieder Fleisch und Leben
zurückgeben und seine trockenen Knochen auferstehen lassen müssen, um
seinen Skandal zu rächen .

Evad. Ich denke nicht an die Götter; sie sollten sie besser
still in der Erde liegen lassen ; Sie werden hier stinken.

Mel. Erwecken Sie meine Leichtigkeit zum Heiterkeitsgefühl?
Dann vergiss mich alle Schwächen der Natur, die Männer zu Frauen
machen: Sprich, du Hure, sprich die Wahrheit, oder bei der lieben Seele
deines schlafenden Vaters, dieses Schwert soll dein Liebhaber sein: Sag es,
oder ich werde dich töten: Und wenn du es getan
hast Alles in allem wirst du es verdienen.

Evad. Du wirst mich nicht ermorden!

Mel. Nein, es ist eine Gerechtigkeit, und zwar eine edle, solche
niederträchtigen Straftäter ins Licht zu rücken.

Evad. Helfen!

Mel. Bei deinem üblen Selbst wird dir keine menschliche Hilfe helfen,
wenn du schreist : wenn ich dich getötet habe , wie ich es getan habe
        Ich habe geschworen zu tun, wenn du nicht gestehst, nackt, wie
du

deine Ehre verlassen hast , werde ich dich verlassen,
damit die Welt auf deinem gebrandeten Fleisch deine schwarze Schande
und meine Gerechtigkeit lesen kann; Willst du dich schon beugen?

Evad . Ja.

Mel . Steh auf und beginne deine Geschichte.

Evad . Oh, mir geht es elend.

Mel . Es ist wahr, das bist du, sprich immer noch die Wahrheit.

Evad . Ich habe beleidigt, edler Herr: Verzeihen Sie mir.

Mel . Mit welchem sicheren Sklaven?

Evad . Fragen Sie mich nicht, Sir. Meine eigene Erinnerung ist für mich ein
zu großes Elend.

Mel . Fallen Sie nicht noch einmal zurück; Mein Schwert ist noch aus der
Scheide .

Evad . Was soll ich tun?

Mel . Seien Sie ehrlich und verringern Sie Ihre Schuld.

Evad . Ich wage es nicht zu sagen.

Mel . Sag es, sonst werde ich dich heute töten.

Evad . Wirst du mir dann verzeihen?

Mel . Bleiben Sie, ich muss mich zuerst um meine Ehre bitten, ich habe zu
viel törichte Natur in mir; sprechen.

Evad . Gibt es sonst niemanden hier?

Mel . Nichts als ein ängstliches Gewissen, das ist zu viel. Wer ist das nicht ?

Evad . O höre mich sanft; es war der König.

Mel . Nicht mehr. Dic Dienste meines würdigen Vaters und meines
Dienstes
werden großzügig belohnt! König, ich danke dir, für alle meine Gefahren
und meine Wunden hast du mich mit meinem eigenen Metall bezahlt: Das
ist Souldiers Dank.
Wie lange hast du schon so gelebt , *Evadne* ?

Evad . Zu lang.

Mel . Zu spät findest du es: Kann es dir leid tun?

Evad . Wäre ich halb so unschuldig?

Mel. *Evadne*, du willst wieder deinem Beruf nachgehen.

Evad. Zuerst zu meinem Grab.

Mel. Würden die Götter so gesegnet sein?
Hasst du diesen König jetzt nicht? Bevor du ihn hasst:
Konntest du ihn nicht verfluchen? Ich befehle dir, ihn zu
verfluchen.
Verfluche, bis die Götter es hören, und übergebe ihn deinen gerechten
Wünschen. Dennoch fürchte ich *Evadne*.
Du solltest lieber dein Spiel ausspielen.

Evad. Nein, ich habe das Gefühl, dass es
hier zu viele traurige Verwirrungen gibt, als dass sie später noch irgendeine
Flamme entfachen könnten.

Mel. Spürst du nicht unter all diesen einen tapferen Zorn
, der edel ausbricht und deinen Arm ausrichtet, um diesen niederen König
zu töten?

Evad. Alle Götter verbieten es.

Mel. Nein, alle Götter verlangen es, sie werden in ihm entehrt .

Evad. Es ist zu ängstlich.

Mel. Ihr seid tapfer in seinem Bett und mutig genug,
um eine abgestandene Hure zu sein und den Namen eurer Frau für
Bräutigame und Pagen zu halten, und danach, wenn Seine kühle Majestät
euch beiseite gelegt hat,
um bei einem bedürftigen Herrn in Pension zu sein, um Fleisch zu
bekommen und Gröbere Kleidung, bisher kennst du keine Angst. Komm,
du sollst ihn töten.

Evad. Guter Herr!

Mel. Und wenn du ihn tot küssen würdest, würdest du ihn ersticken;
Sei weise und töte ihn: Kannst du leben und wissen, welche edlen Köpfe
dich dazu bringen werden, dich selbst zu sehen? Mit jedem Finger
herausgefunden , hast du die Schande
aller Nachfolgen gemacht und in diesem großen Ruin
deinen Bruder und deinen edlen Ehemann gebrochen? Du sollst nicht so
leben; Knie nieder und schwöre, mir zu helfen. Wenn ich dich dazu rufe,
oder bei allen Heiligen im Himmel und auf Erden, wirst du nicht mehr
leben, um eine volle Stunde länger zu atmen, keinen Gedanken mehr:
Komm, das ist ein gerechter Eid; Gib mir deine Hand, und beide zum
Himmel erhoben, schwöre bei dem Reichtum, den dieser lüsterne Dieb von
dir gestohlen hat, als ich es sage, seine schmutzige Seele herauszulassen.

Evad. Hier schwöre ich es,
und alle Geister misshandelter Damen
helfen mir bei dieser Leistung.

Mel. Genug; Das darf niemand außer dir und mir wissen,
Evadne ; nicht zu deinem Herrn,
Auch wenn er weise und edel ist und ein Mitmensch es wagt, so weit zu
einer würdigen Tat zu schreiten,
wie der Wagemutigste, ich bis zur Gerechtigkeit.
Frag mich nicht warum. Lebewohl.

[*Verlassen Sie Mel* .

Evad. Könnte ich das zu meiner schwarzen Schande sagen?
Oh, wo war ich die ganze Zeit! Wie freundschaftlich, dass ich mich so
verzweifelt verlieren sollte, und niemand aus Mitleid mir zeigte, wie ich
umherwanderte ?
Im Umkreis des Lichts gibt es kein unglücklicheres Geschöpf: Gewiss , ich
bin monströs,
denn ich habe diese Torheiten, diese wahnsinnigen Untaten begangen, die
eine Frau wagen würde. O meine beladene Seele, sei nicht so grausam zu
mir, ersticke nicht

[*Amintor betreten* .

Der Weg zu meiner Reue. O mein Herr.

Amin. Wie jetzt?

Evad. Mein viel missbrauchter Herr! [*Kniet nieder* .

Amin. Das kann nicht sein.

Evad. Ich knie nicht nieder, um zu leben, ich wage es nicht zu hoffen;
Das Unrecht, das ich begangen habe, ist größer; Schau auf mich, obwohl
ich mit all meinen Fehlern erscheine.

Amin. Aufstehen.
Dies ist keine neue Art, noch mehr Kummer zu erzeugen; Der Himmel
weiß, ich habe zu viele; verspotte mich nicht; Obwohl ich zahm bin und mit
meinen Fehlern aufgewachsen bin, die meine Pflegebrüder sind, kann ich
wie ein Handwolf in meine natürliche Wildnis springen und eine Empörung
anrichten: Bitte, verspotte mich nicht.

Evad. Mein ganzes Leben ist so aussätzig, dass es
meine ganze Reue befällt: Ich würde deine Verzeihung erkaufen Obwohl
auf höchstem Niveau, sogar mit meinem Leben: Diese leichte Reue, das ist
kein Opfer für das, was ich begangen habe.

Amin . Gewiss , ich blende :
Es kann keinen Glauben an diese üble Frau geben, die keinen Gott kennt,
der mächtiger ist als ihre Unfug. Du tust immer noch das Schlimmste,
rechnest immer noch mit deinen Fehlern, um mein armes Herz so zu
belasten. Kann ich glauben, dass in dieser Frau
ein Samen der Vertue steckt , der zum Aufkeimen zurückgelassen wurde
und der es wagt
, in der Sünde weiterzumachen? Bekannt und so bekannt wie deins, O
Evadne !
Würde es in deinem Geschlecht irgendeine Sicherheit geben, dass ich
tausend Sorgen ablegen und deiner Reue Anerkennung schenken könnte?
Aber ich darf nicht; Du hast mich in das dumpfe Unglück gebracht, in
diesen seltsamen Irrglauben der ganzen Welt und aller Dinge, die darin
sind, dass ich fürchte, ich würde wie ein Baum fallen und mein Grab
finden, nur weil ich mich daran erinnere, dass ich trauere .

Evad . Mein Herr,
gib mir deine Sorgen: Du bist eine Unschuldige, eine Seele so weiß wie der
Himmel: Lass meine Sünden nicht zugrunde gehen, deine edle Jugend: Ich
falle nicht hierher, um durch Verstellung mit meinen Tränen in den
Schatten zu treten, wie alle Frauen sagen, dass sie es können oder sollen
Machen Sie weniger, was mein heißer Wille getan hat, von dem der Himmel
und Sie wissen, dass es härter ist als die Hand der Zeit. Es kann aus dem
Gedächtnis des Menschen gelöscht werden. Nein, ich weiß nicht;
Ich erscheine genauso, dieselbe *Evadne* ,
            Vergiss nicht die Schande, in der ich lebte , das gleiche Monster.
Aber das sind Ehrennamen für das, was ich bin;
Ich stelle mich selbst als das übelste Geschöpf dar,
das giftigste , gefährlichste und von den Menschen
verachteteste .   *Lerna* Sie werden gezüchtet, oder *Nilus* ; Ich bin
die Hölle,
bis du, mein lieber Herr, dein Licht in mich schießt, die Strahlen deiner
Vergebung. Ich bin seelenkrank und verdorre vor Angst vor einem
Verurteilten ,
bis ich deine Vergebung habe.

Amin . Erhebe dich , *Evadne* .
Diese himmlischen Mächte, die dir dieses Gute gegeben haben, gewähren
einen Fortbestand davon: Ich vergebe dir; Machen Sie sich dessen
würdig und achten Sie darauf. Beachten Sie , *Evadne* , das ist ernst.
Verspotte nicht die Mächte oben, die es können und wagen. Gib dir ein
großes Beispiel ihrer Gerechtigkeit. Vor allen nachfolgenden Augen, wenn
du mit deiner Reue das beste Opfer darbringst .

Evad . Ich habe nichts Gutes getan, um Glauben zu gewinnen.
Mein Leben war so treulos; Alle Geschöpfe, die für die Ehre des Himmels
geschaffen wurden , haben ihre Ziele und gute,
alle bis auf die Beschwörung *Krokodile* , falsche Frauen;
Sie herrschen hier wie diese Plagen, diese tödlichen Wunden,
gegen die die Menschen beten; und wenn sie sterben, wie schlecht erzählte
und ungläubige Geschichten , vergehen sie
und verschwinden in Vergessenheit. Aber mein Herr, diese kurzen Tage
werde ich zu meiner Ruhe zählen
(da viele mich nicht sehen dürfen). Spät, obwohl am Abend, spüre ich doch
einen Willen, Da ich nichts Gutes tun kann, weil ich eine Frau bin, greife
ständig nach etwas, das in der Nähe ist;
Ich werde eine Minute meines Alters einlösen, oder wie ein anderer *Niobe*
Ich werde weinen, bis ich wässrig bin.

Amin . Ich bin jetzt aufgelöst: Meine gefrorene Seele schmilzt.
Möge jede Sünde , die du hast, eine neue Barmherzigkeit finden
Stern: gib mir deine Hand;
Von nun an werde ich dich kennen , und soweit
die Ehre es mir erlaubt, sei dein *Amintor*: Wenn wir uns das nächste Mal
treffen, werde ich dich fair grüßen und die Götter bitten, dir glückliche
Tage zu schenken :
Meine Barmherzigkeit wird mit dir gehen, Obwohl meine Umarmungen
weit von dir entfernt sein müssen. Ich hätte dich töten sollen , aber diese
süße Reue
verschließt meine Rache, weshalb ich dich so küsse, Der letzte Kuss, den
wir nehmen müssen; Und zum Himmel wollte der heilige Priester, der uns
die Hände reichte, uns gleiche Tugenden gegeben haben : Geh *Evadne* ,
die Götter teilen so unsere Körper, sorge dafür, dass meine Ehre nicht
weiter sinkt, dann geht es mir gut.

Evad . Alle teuren Freuden hier und darüber hinaus
krönen deine schöne Seele. So verabschiede ich mich, mein Herr,
und du wirst die üble *Evadne*
Till sh'ave nie wiedersehen Ich habe alle ehrenvollen Mittel
ausprobiert , die ihr zur Ruhe verhelfen und ihre Flecken wegwaschen
könnten.

[*Ausgehen* .

Bankett. Auftritt König, Calianax . Hoboyes spielen innerhalb von .

König . Ich kann nicht sagen, wie ich das
von Ihnen, die sein Feind sind, anerkennen soll.

Cal. Ich bin sicher, er hat es mir gesagt, und ich werde es auch tun
rechtfertige es
Wie er es wagt, sich zu widersetzen, aber mit meinem Schwert.

König. Aber hat er ohne alle Umstände
zu dir, seinem Feind, gebrochen, damit er das Fort haben würde, um mich
zu töten und dann zu fliehen?

Cal. Wenn er es leugnet , werde ich ihn erröten lassen.

König. Es klingt unglaublich.

Cal. Ich, das gilt auch für alles, was ich in letzter Zeit sage.

König. Nicht so *Calianax*.

Cal. Ja, ich sollte
stumm sitzen, während ein Schurke mit starken Armen dir die Kehle
durchschneidet.

König. Nun, ich werde es mit ihm versuchen, und wenn das wahr ist
        Ich werde mein Leben verpfänden, ich werde es finden; Wenn es
nicht falsch ist
und du deinen Hass in eine solche Lüge kleidest, sollst du es später in
deinem eigenen Haus tun, nicht vor Gericht.

Cal. Warum, wenn es eine Lüge ist,
sind meine Ohren falsch; denn ich schwöre, ich habe es gehört:
Alte Männer nützen nichts; Du hättest mich am besten töten lassen, weil
ich es gehört habe, und ihn freigelassen haben, weil ich es verstanden habe.
Du hättest mir einmal vertraut, aber die Zeit hat sich geändert.

König. Und werde immer noch tun, wo ich der Welt Gerechtigkeit
widerfahren lassen kann;
Sie haben keinen Zeugen.

Cal. Ja, ich selbst.

König. Ich meine, es gab keine mehr, die es gehört haben.

Cal. Wie nicht mehr? hättest du mehr? Warum bin ich nicht genug, um
tausend Schurken aufzuhängen?

König. Aber wenn Sie möchten, können Sie auch ehrliche Männer hängen
lassen .

Cal. Ich darf, es ist so, als würde ich es tun; Es gibt hundert, die werden es
auch aus Notwendigkeit schwören, wenn ich es sage.

König. Solche Zeugen brauchen wir nicht.

Cal. Und es ist schwer, wenn mein Wort einen jungenhaften Schurken nicht hängen lassen kann.

König. Genug; Wo ist *Strato* ?

Stra . Herr!

Auftritt Strato .

König. Warum ist die ganze Firma wo? Ruf *Amintor* herein. *Evadne* , wo ist mein Bruder und *Melantius* ? Fordern Sie ihn auf, auch zu kommen, und *Diphilus* ; Rufen Sie alle an

[*Strato verlassen* .

den Kampf mit dir wünscht , steht es nicht in der Macht all unserer Gesetze, ihn zu verhindern, es sei denn, wir wollen
sie aufgeben .

Cal. Wenn Sie denken,
dass es für einen alten Mann und einen Berater geeignet ist, für das zu kämpfen, was er sagt , dann können Sie es zugeben.

Auftritt Amin. Evad . Mel. Diph . [Lisip .] Cle. Stra. Diag .

König. Kommen Sie, meine Herren, *Amintor*, Sie sind noch ein Bräutigam, und ich werde Sie so gebrauchen: Sie sollen sich setzen; *Evadne* sitzt, und du *Amintor* auch;
Dieses Bankett ist für Sie, Herr: Wer hat eine lustige Geschichte über sich gebracht, um bei unserem Wein für Lacher zu sorgen? Warum *Strato* , wo bist du?
Du wirst unpassend mit ihnen streiten, wenn ich sie nicht begehre.

Strato . Es ist mein Pech, Sir, dass ich sie dann ausgeben muss.

König. Reich mir einen Schluck Wein: *Melantlius* , du bist traurig.

Amin . Ich sollte hier der fröhlichste Herr sein,
aber ich habe keine eigene Geschichte, die
es wert ist, zu diesem Zeitpunkt erzählt zu werden.

König. Gib mir den Wein.
　　　　　Melantius , ich denke jetzt darüber nach,
wie einfach es für jeden Mann, dem wir vertrauen, wäre, einen von uns in einem solchen Knall
zu töten .

Mel . Ich denke, es war nicht schwer, Sir, für einen Schurken.

Cal . So wie du bist.

König. Ich glaube, es wäre ein Leichtes , es tut uns gut,
ehrliche Männer über uns zu bekommen ,
so wie ihr alle hier seid: *Amintor* , dir
und deiner schönen *Evadne* .

Mel . Haben Sie an diesen *Calianax gedacht* ?

[*Beiseite* .

Cal . Ja, ich habe geheiratet.

Mel . Und was ist Ihr Vorsatz?

Cal . Ihr sollt es gesund haben?

König . Erreichen Sie *Amintor* , *Strato* .

Amin . Hier, meine Liebe,
dieser Wein wird dir Unrecht tun, denn er wird deine Wangen erröten
lassen, und bis du einen Fehler begehst, wäre es Mitleid.

König . Dennoch wundere ich mich
über die seltsame Verzweiflung dieser Männer, die es wagen, hier in
unserem Staat solche Taten zu unternehmen. Er konnte dem nicht
entkommen.

Mel . Wäre er bekannt, unmöglich .

König . Es wäre bekannt, *Melantius* .

Mel . Es sollte sein, dass er, wenn er entkommen sollte,
unser ganzes Leben auf seinem Schwert tragen muss. Er muss die Insel
nicht verlassen, er darf niemanden am Leben lassen.

König . Nein, ich glaube, niemand
außer diesem alten Mann könnte mich töten und entkommen.

Cal . Aber ich! Der Himmel segne mich: Ich, soll ich mein Lüttich?

König . Ich glaube nicht, dass du es würdest, aber du könntest es doch ,
denn du hast die Mittel zur Flucht in deinen Händen, indem du die Festung
bewahrst; das hat er, *Melantius* , und er hat
es gut bewahrt.

Mel . Aus Spinnweben, Sir,
es ist sauber gefegt: Ich kann keine andere Kunst finden, die jetzt daran
festhält, es war nicht mehr da belagert, seit er es
befohlen hat.

Cal . Ich werde auf dein gutes Wort vertrauen,
aber ich habe es vor Leuten wie dir bewahrt.

Mel. Behalte deine schlechte Laune im Zaum,
ich spreche keine Bosheit aus; Hätte mein Bruder es behalten, hätte ich das
sagen sollen.

König. Du bist nicht fröhlich, Bruder; Trinkt Wein,
Setzt euch alle still! *Calianax*, [*Beiseite*.
So etwas kann ich nicht glauben: Ich habe Worte ausgestoßen, die den
schuldigen Männern warmes Blut auf die Wangen
gebracht hätten, und er lässt sich nie rühren , er weiß
nichts dergleichen.

Cal. Unverschämtheit kann entkommen, wenn schwache Tugendhaftigkeit
angeklagt wird .

König. Er müsste, wenn er schuldig wäre, eine Veränderung spüren.
Auf unser Flüstern, während wir auf ihn zeigen, siehst du, dass er es nicht
tut.

Cal. Er soll sich erhängen.
Was kümmert es mich, was er tut; das hat er gesagt.

König. *Melantius*, du kannst dir nicht leicht vorstellen,
was ich gemeint habe; denn Männer, die im Unrecht sind, können subtil
begreifen, wenn andere darauf zielen
, was sie falsch machen; aber ich vergebe frei vor diesem Mann; Himmel,
tue es auch: Ich werde dich nicht einmal mit Scham berühren, es zu sagen,
lass es nicht mehr so sein.

Cal. Warum das sehr gut ist.

Mel. Ich kann nicht sagen
, was du meinst, aber ich bin geneigt genug, grob in unwissende Fehler zu
verfallen, aber lass es mich wissen; Glücklicherweise ist es nichts anderes
als eine Fehlkonstruktion, und wo ich klar bin, werde ich die Vergebung der
Götter nicht annehmen, geschweige denn von Ihnen.

König. Nein, wenn du so steif bleibst, werde ich meine Gnade zurückrufen.

Mel. Ich möchte Glätte, um einem Mann für die Begnadigung eines
Verbrechens zu danken, von dem ich nie etwas wusste.

König. Nicht um Ihr Wissen zu lehren, sondern um Ihnen zu zeigen, dass
meine Ohren überall sind , wollten Sie mich töten und das Fort zur Flucht
bringen.

Mel. Verzeihen Sie, Sir; Meine Unverblümtheit sei verzeiht:
Ihr haltet eine Rasse müßiger Menschen hier um euch herum, Esser und
Redner, um den Wert derer zu diffamieren, die würdige Dinge tun; Der
Mann, der dies aussprach,

wäre ohne Nahrung umgekommen , wer auch immer es wollte,
ohne diesen Arm, der ihn vor dem Feind schützte .
Und wenn ich dachte, dass du dem Glauben schenken würdest, würde die
Klarheit meiner Natur mehr aussagen; Vergib mir (denn das solltest du
nicht tun)
, dass ich den töte, der das gesagt hat . -

Cal . Ich, das wird das Ende von allem sein,
dann werde ich für all meine Fürsorge und Dienste angemessen bezahlt.

Mel . Dieser alte Mann, der mich Feind nennt und von dem ich
(Obwohl ich meinen Hass nie so niedrig halten werde)
Habe keinen guten Gedanken, würde ich mich doch entschuldigen und
schwören, dass er dachte, ich hätte Unrecht getan .

Cal . Wer ich, du schamloser Kerl! Hast du mir nicht selbst davon erzählt?

Mel . O dann kam es von ihm.

Cal . Von mir! Von wem sollte es kommen, wenn nicht von mir?

Mel . Nein, ich glaube, deine Bosheit ist genug, aber ich habe meinen Zorn
verloren. Sir, ich hoffe, Sie sind zufrieden.

König . *Lisip* . Chear *Amintor* und seine Dame; es gibt keinen Ton. Kommt
von dir; Ich werde kommen und es nicht tun mein Selbst .

Amin . Sie haben es bereits für mich getan, Sir. Ich danke Ihnen.

König . *Melantius* , das schreibe ich ihm zu, wie klein du bist.

Mel . Es ist seltsam, dass du das tun solltest.

Cal . Es ist seltsam, dass er dem Wort eines alten Mannes glaubt ,
der nie in seinem Leben gelogen hat.

Mel . Ich rede nicht mit dir;
Sollen die wilden Worte dieses geplagten Mannes, der vor Alter und
Kummer
zittert , einen Bruch zwischen Eurer Majestät und mir schlagen? Es war
falsch, auf ihn zu hören; aber ihm mindestens so viel Anerkennung zu
schenken, wie ich ertragen kann. Aber verzeihen Sie mir, während ich nur
die Wahrheit spreche, kann ich mich selbst loben – ich habe mein sorgloses
Blut mit Ihnen verschenkt
und sollte nicht
an eine Tat denken, die mich dazu bringen würde, das zu verlieren, und
meinen Dank auch: als ich es war Als Junge habe ich mich für die Sache
meines Landes
eingesetzt

und eine Tat vollbracht , die fünf Jahre vor der Zeit
gedauert hat .
Dieses mein Schwert hat den Boden
gepflügt und in Frieden die Frucht
geerntet ; Und du selbst hast zu Hause in Ruhe
gelebt : Ich bin so schrecklich geworden, dass mein Name dir ohne
Schwerter die Eroberung gebracht hat , und mein Herz
und meine Glieder sind immer noch dieselben; Mein Wille ist groß, Dir
Dienste zu leisten: Lass mich nicht mit so seltsamem Misstrauen bezahlt
werden.

König . *Melantius* , ich hielt es für eine große Ungerechtigkeit,
Deinem Feind zu glauben, und tat es nicht; Wenn ich es täte, dann tue ich
es nicht, lass das zufriedenstellend sein : Was hat
alle mit Traurigkeit getroffen? Mehr Wein!

Cal . Ein paar schöne Worte haben meine Wahrheit zunichte gemacht:
Ah, das ist ein Bösewicht.

Mel . Warum wäre es besser, wenn du mir das Fort gibst,
Dotard? Ich werde dich auf diese Weise für immer blamieren .

[*Beiseite* .

Auf deinen Worten soll kein Verdienst liegen;
Denken Sie besser und liefern Sie es.

Cal . Mein Lüttich, er ist jetzt bei mir, um es zu tun; Sprich:
Leugne es, wenn du kannst; Untersuche ihn, solange er heiß ist, denn er
wird sich abkühlen , er wird
es abschwören.

König . Ich hoffe, das ist Wahnsinn, *Melantius* .

Mel . Er hat sich selbst verloren, seit seine Tochter das Glück verloren hat,
das meine Schwester gewonnen hat ; und obwohl er mich Feind nennt,
habe ich Mitleid mit ihm.

Cal . Mitleid! Pocken über dir.

König . Merken Sie sich seine wirren Worte und die Maske.

Mel . *Diagoras weiß* , dass er tobte und mich beschimpfte
und eine Dame Hure nannte, so unschuldig,
dass sie ihn nicht verstand; aber es wird sowohl Ihnen als auch mir
zustehen, Ablenkung zu vergeben, ihm zu verzeihen, wie ich es tue.

Cal . Ich werde nicht für dich sprechen, trotz all deiner List, wenn du sicher sein willst, schlag ihm den Kopf ab, denn noch nie hat es einen so unverschämten Schurken gegeben.

König . Manche, die ihn lieben, bringen ihn ins Bett: Nun, das Mitleid sollte nicht zulassen, dass das Alter ihn selbst verächtlich macht ; Wir müssen
alle alt sein, ihn weghaben.

Mel. Calianax , der König glaubt dir; Komm, du sollst nach
Hause gehen und dich ausruhen; Du hast es gut gemacht; Du wirst es aufgeben,
wenn ich dich einen Monat lang so gesehen habe , hoffe ich.

Cal . Nun, nun, es ist klar, Sir, er bewegt mich immer noch;
Er sagt, er weiß , dass ich ihm das Fort überlassen werde.
Wenn er mich einen Monat lang so behandelt hat : Ich bin verrückt,
bin ich nicht immer noch?

Omnes . Hahaha!

Cal . Ich werde wirklich verrückt sein, wenn du das tust;
Warum würdest du dort einem robusten Kerl vertrauen (der keine Tugend an sich hat, alles liegt in seinem Schwert)
vor mir? Nehmen Sie ihm nur seine Waffen ab, und er ist ein Esel, und ich bin ein großer Narr, sowohl mit ihm als auch ohne ihn, wie Sie mich benutzen.

Omnes . Hahaha!

König . Es ist gut, *Calianax* ; aber wenn Sie dies noch einmal verwenden
, werde ich etwas anderes bitten, damit Ihre Ämter gut erfüllt werden .
Seien Sie froh, meine Herren, es wird etwas spät. *Amintor* , du würdest wieder im Bett liegen.

Amin . Jawohl.

König . Und du *Evadne* ; Lass mich dich in meine Arme nehmen, *Melantius* ,
und glauben, dass du so bist, wie du es verdienst , mein Freund immer noch und für immer . Guter *Calianax* , schlafe tief und fest, es wird dich zu dir selbst bringen.

[*Exeunt omnes. Manent Mel* . und *Cal* .

Cal . Schlafen Sie tief und fest! Ich schlafe jetzt tief und fest, ich hoffe, ich könnte nicht anders sein. Wie kannst du es wagen
, mit mir allein zu bleiben, obwohl du weißt, wie du mich benutzt hast?

Mel. Du kannst mich nicht mit deiner Zunge verprügeln,
und das ist das Stärkste an dir.

Cal. Ich erwarte dafür eine große Strafe,
denn ich fange an, all meinen Hass zu vergessen, und nehme es nicht
unfreundlich auf, dass mein Feind
mich so außerordentlich skrupellos ausnutzen sollte.

Mel. Ich werde auch schmelzen, wenn du anfängst zu nehmen
            Unfreundlichkeiten : Ich habe nie gemeint, dass du verletzt bist.

Cal. Du wirst mich wieder verärgern; Du elender Schurke,
wolltest mir nichts tun! Schande mich mit dem König; Verliere alle meine
Büros! Das tut doch nicht weh, oder? Ich frage dich, was nennst du
verletzt?

Mel. Männer zu vergiften , weil sie mich nicht lieben; Die Kreditwürdigkeit
der Ehefrauen
eines Mannes in Frage
stellen ; Kinder zwischen mir und dem Land zu ermorden; das ist alles
verletzt.

Cal. Das alles, was du denkst, ist Sport;
Denn meins ist schlimmer; aber nutze deinen Willen mit mir; Zwischen
Trauer und Wut könnte ich weinen.

Mel. Seien Sie also weise und seien Sie sicher; Du kannst dich rächen.

Cal. Ich o'th 'König? Ich würde mich an dir rächen.

Mel. Dass du dich selbst planen musst .

Cal. Ich bin ein guter Plotter.

Mel. Kurz gesagt, ich werde dich mit dem König
in dieser Verwirrung halten, bis deine Verärgerung und deine Schande dich
in dein Grab gelegt haben. Aber wenn du das Fort aufgeben willst, werde
ich deinen zitternden Körper in meine Arme nehmen
und dich tragen über Gefahren; Du sollst deinen gewohnten Zustand
bewahren.

Cal. Wenn ich es dem König sagen sollte, kannst du es dann nicht noch
einmal leugnen ?

Mel. Versuchen Sie es zu glauben.

Cal. Nein, dann kannst du nichts herbeiführen : Du sollst das Fort haben.

Mel. Nun ja, hier soll unser Hass begraben sein, und
diese Hand wird uns beide befreien; gib mir deine alte Brust zum Kompass.

Cal . Nein, ich liebe dich noch nicht.
Ich kann es nicht gut ertragen, dich anzusehen.
Und wenn ich es für eine Höflichkeit halten würde ,
hättest du es nicht haben sollen; aber ich bin in Ungnade gefallen ;
Meine Ämter sollen abgeschafft werden ;
Und wenn ich diese Festung nur einen Tag halten würde, glaube ich, dass
der König sie mir wegnehmen und dir geben würde, die Dinge sind so
seltsam geführt; Nere danke mir dafür ; aber dennoch wird der König
erfahren,
dass es so etwas gab, von dem ich ihm nicht erzählt habe;
Und dass ich ein ehrlicher Mann war.

Mel . Dieses Wissen werde ich mir sehr teuer erkaufen.

[*Diphilus tritt auf* .

Was gibt es Neues bei dir?

Diph . Dies wäre tatsächlich eine Nacht, in der man es schaffen könnte;
Der König hat nach ihr geschickt.

Mel . Sie wird es dann ausführen; Geh, *Diphilus* ,
und nimm von diesem guten Mann, meinem würdigen Freund, das Fort; er
wird es dir geben.

Diph . Hast du das verstanden?

Cal . Bist du von der gleichen Rasse? Kannst du das auch vor dem König
verleugnen?

Diph . Mit einem so großen Selbstvertrauen wie ihm.

Cal . Glaube, wie genug.

Mel . Weg und benutze ihn freundlich.

Cal . Fass mich nicht an, ich hasse die ganze Anstrengung: Wenn du mir ein
großes Stück weit folgst, werde ich dir das Fort überlassen; und hängt euch
auf.

Mel . Sei weg.

Diph . Er ist fein gearbeitet.

[*Exeunt Cal. Diph* .

Mel . Dies ist eine Nacht, trotz der Astronomen,
die die Tat vollbringen; Ich werde den Fleck, der auf unserem Haus liegt,
mit seinem Blut abwaschen.

Auftritt Amintor .

Amin. *Melantius*, hilf mir nun, wenn du das verstehst, was du sagst, hilf mir: Ich habe alle meine Staupe verloren und eine so angenehme Wut gefunden; Hilf mir.

Mel. Wer kann ihn so sehen und nicht Rache schwören? Was ist los, Freund?

Amin. Raus mit deinem Schwert; und Hand in Hand mit mir stürmt in die Kammer dieses verhassten Königs und versenkt ihn mit der Last all seiner Sünden für immer in der Hölle.

Mel. „Es war ein überstürzter Versuch, der mit der Sicherheit nicht zu tun war: Lassen Sie Ihre Vernunft Ihre Rache planen und nicht Ihre Leidenschaft.“

Amint. Wenn du mich in diesen Extreams ablehnst, bist du kein Freund: Er schickte sie zu mir; Beim Himmel für mich; mein Selbst; und ich muss dir sagen, dass ich sie als Fremde liebe; In dieser abscheulichen Frau steckt Wert, würdige Dinge, *Melantius*; Und sie bereut. Ich lebe Punkt ich selbst allein, auch wenn ich getötet werde. Lebewohl.

Mel. Er wird meinen ganzen Plan mit Wahnsinn zunichte machen: *Amintor*, denk nach, was du tust; Ich traue mich so sehr Tapferkeit; Aber es ist der König, der König, der König, *Amintor*, mit dem du kämpfst; Ich weiß, dass er ehrlich ist,

[*Beiseite*.

Und das wird bei ihm funktionieren.

Amint. Ich kann nicht sagen, was du gesagt hast; aber du hast mein Schwert aus meiner Hand gerissen und mich zitternd und wehrlos zurückgelassen.

Mel. Ich werde es für dich aufheben.

Amint. Was für ein wildes Tier ist der unkultivierte Mensch! Das, was wir Ehre nennen, trägt uns alle kopfüber zur Sünde, und doch ist es selbst nichts.

Mel. Ach, wie variabel sind deine Gedanken!

Amint. Genau wie mein Schicksal: Ich wurde zu dem getrieben, wofür ich dich eigentlich tadeln wollte. Irgendein Komplott, den du gegen den König hattest, misstraute ich. Mit der Kutsche dieses alten Kerls: Aber sei

wachsam,
da wächst nicht das kleinste Glied zu einem König heran, das auch Donner
in sich trägt.

Mel. Ich habe nichts gegen ihn.

Amint. Dann kommen Sie und denken Sie daran, dass wir vielleicht nicht
an Rache denken.

Mel. Ich werde mich erinnern.

Actus Quintus.

Evadne *und ein Gentleman treten auf*.

Evad. Sir, liegt der König im Bett?

Herr. Frau, vor einer Stunde.

Evad. Dann gib mir den Schlüssel und lass niemanden in der Nähe sein;
Es ist das Vergnügen des Königs.

Herr. Ich verstehe Sie, meine Dame, es wäre meins.
Ich muss Ihrer Herrlichkeit keine gute Ruhe wünschen .

Evad. Du redest, du redest.

Herr. Das ist alles, was ich zu tun wage, Madam; aber der König wird
aufwachen, und dann.

Evad. Bewahren Sie Ihre Fantasie und beten Sie für eine gute Nacht , Sir.

Herr. Dann wünsche ich Ihnen eine gute und lange Nacht, meine Dame.
Ich bin weg.

Evad. Die Nacht wird schrecklich und alles um mich herum
ist wie mein schwarzer Vorsatz: O das Gewissen [*König Abed*.

Von einer verlorenen Jungfrau; Wohin willst du mich ziehen?
Zu welchen düsteren Dingen, wie der Tiefe der Hölle, willst du mich
provozieren? Keine Frau soll es ab dieser Stunde wagen, untreu zu sein.
Wenn ihr Herz aus Fleisch ist, wenn sie Blut hat und Angst haben kann,
dann ist das ein Wagemut. Mehr als dieser verzweifelte Narr, der seinen
Frieden verließ und zur See fuhr, um zu kämpfen: So ist es Viele Sünden,
ein Zeitalter kann sie nicht verhindern . Und sie sind so groß, dass
die Götter Gnade für sie verlangen. Doch ich muss sie überwinden .
Ich habe einen Mord an meiner Ehre begonnen ,
und ich muss ihn dort beenden: Er schläft, mein Gott! Warum gibst du
diesem ungezügelten Tier Frieden
, das dich so lange übertreten hat? Ich muss ihn töten, und ich werde es
nicht tapfer tun: Die bloße Freude

sagt mir, dass ich es verdiene; doch ich darf es nicht so zahm tun, während
er schläft: Das wäre, ihn in eine andere Welt zu wiegen: Meine Rache
wird ihn zum Erwachen bringen , und dann lag ihm
die Zahl seiner Ungerechtigkeiten und Strafen vor. Ich werde seine Sünden
wie Furien abschütteln, bis ich
seinen bösen Engel, sein krankes Gewissen, wecke. Und dann werde ich
ihn totschlagen: König, mit deiner Erlaubnis:

[*Fesselt seine Arme ans Bett* .

Ich wage es nicht, deiner Stärke zu vertrauen: Deine Gnade und ich
müssen uns nicht mehr über gleiche Bedingungen auseinandersetzen. Wenn
er mich also nicht von meinem Vorsatz
abhält , werde ich stark genug sein. Mein Herr, der König, mein Herr; er
schläft, als wollte er nicht mehr aufwachen, mein Herr; Ist er nicht schon·
tot? Herr, mein Herr.

König . Wer ist er?

Evad . Oh, Sie schlafen tief und fest, Sir!

König . Meine liebe *Evadne* , ich habe von dir geträumt; Komm ins Bett.

Evad . Ich bin endlich gekommen, Sir, aber wie willkommen?

König . Was für ein hübsches neues Gerät ist diese *Evadne* ?
Was bindest du mich durch meine Liebe an dich? Das ist etwas Kurioses:
Komm mein Schatz und küsse mich; Ich werde dein *Mars sein* , um meine
Königin der Liebe zu betten:
Lasst uns zusammen gefangen sein, damit die Götter es sehen und unsere
Umarmungen beneiden können.

Evad . Bleiben Sie, Sir, bleiben Sie,
Ihnen ist zu heiß, und ich habe Ihnen Physick gebracht, um Ihre hohen
Adern zu mildern.

König . Dann geh ins Bett. lass es mich warm nehmen,
da wirst du den Zustand meines Körpers besser kennen lernen.

Evad . Ich weiß, dass du einen überfüllten, schmutzigen Körper hast
und bluten musst.

König . Bluten!

Evad . Ich, du wirst bluten: bleib still, und wenn der Teufel, deine Lust, dir
Erlaubnis gibt, bereue: Dieser Stahl kommt, um die
Ehre einzulösen , die du gestohlen hast,
König, mein schöner Name, für den nichts als dein Tod der Welt antworten
kann .

König . Wie geht es dieser *Evadne* ?

Evad . Ich bin nicht sie, noch trage ich in dieser Brust
so viel kalten Geist, dass man ihn eine Frau
nennen könnte: Ich bin ein Tyger: Ich bin alles
, was kein Mitleid kennt: Rühre dich nicht, wenn du es tust, werde ich dich
unvorbereitet treffen würde ; Deine Ängste sind auf dir,
die deine Sünden doppelt erscheinen lassen, und so schicke ich dich (durch
meine Rache werde ich), diese Qualen zu sehen
           Auf solche schwarzen Seelen vorbereitet .

König . Du meinst das nicht so: „Es ist unmöglich“:
Du bist zu süß und sanft.

Evad . Nein, das bin ich nicht:
Ich bin so schmutzig wie du und kann so viele solcher Höllen hier
aufzählen: Ich war einst schön, einst war ich lieblich, keine wehende Rose,
keuscher süß, bis du , du, du , fauler
Krebs, (rühre dich nicht) hast mich verärgert : Ich war eine Welt der
Tugend ,
bis dein verdammter Hof und du (die Hölle segne dich dafür) mit deinen
Versuchungen über Versuchungen mich dazu brachten, meine
Ehre aufzugeben ; Dafür (König)
bin ich gekommen, um dich zu töten.

König . NEIN.

Evad . Ich bin.

König . Das bist du nicht.
Ich bitte dich, diese Dinge nicht zu sagen; Du bist sanft,
Und so rau warst du nicht gemeint.

Evad . Friede und erhöre mich.
Rühre nichts als deine Zunge, und das um Gnade für diejenigen über uns;
Bei dessen Lichtern ich schwöre, Diese gesegneten Feuer, die schossen, um
unsere Sünde zu sehen. Wenn deine heiße Seele Substanz mit deinem Blut
hätte, würde ich auch das töten, was über meinen Stahl hinausgeht und
meine Zunge lehren wird: Du bist ein schamloser Bösewicht, A Ding aus
der Überveränderung der Natur;
Gesandt wie eine dicke Wolke, um eine Plage über schwache, fangende
Frauen zu verbreiten; Solch ein Tyrann, der für seine Lust seine
Untertanen, mich und seinen ganzen Himmel im Jenseits verkaufen würde.

König . Höre *Evadne* ,
du süße Seele! Höre, ich bin dein König.

Evad. Du bist meine Schande; bleib still, es gibt nichts um dich herum,
In deinen Schreien; Alle Sicherheitsversprechen sind nur trügerische
Träume: So, so, du böser Mann, so beginne ich meine Rache.

[*Ersticht ihn* .

König . Halt *Evadne* !
Ich befehle dir, festzuhalten.

Evad . Ich meine nicht, Sir,
mich so gerecht von Ihnen zu trennen; Wir müssen noch mehr von diesen
Liebestricks ändern.

König . Was für ein verdammter Bösewicht
        Provozierst du dich nicht zu diesem Mord ?

Evad . Du, du Monster.

König . Oh!

Evad . Du hast mich am Hofe tapfer gehalten und mich gefoltert ;
Dann heiratete ich einen jungen, edlen Herrn; Und Hur hat mich immer
noch gefesselt .

König . *Evadne* , tut mir leid.

Evad . Hölle Dann nimm mich; dies für meinen Herrn *Amintor* ;
Dies für meinen edlen Bruder: und dieser Streich für die am meisten
benachteiligte Frau.

[*Tötet ihn* .

König . Oh! Ich sterbe.

Evad . Stirb alle unsere Fehler zusammen; Ich vergebe dir.

[*Beenden* .

Betreten Sie zwei der Schlafzimmer .

1. Komm, jetzt ist sie weg, lass uns eintreten, der König erwartet
es und wird wütend sein.

2. „Das ist ein schönes Mädchen, wir haben eines
Abends einen Schnappschuss von ihr, wenn sie von ihm weggeht.“

1. Inhalt: Wie schnell war er mit ihr fertig! Ich sehe, dass
Könige auf diese Weise nicht mehr tun können als andere sterbliche
Menschen.

2. Wie schnell er ist! Ich kann ihn nicht atmen hören.

1. Entweder geben die Kerzen ein schwaches Licht ab, oder er sieht sehr
blass aus.

2. Und das tut er, bete zum Himmel, dass es ihm gut geht.
Schauen wir mal: Ach! er ist steif , verwundet und tot:
Verrat, Verrat!

1. Laufen Sie los und rufen Sie an.

[*Ausfahrt Gent* .

2. Verrat, Verrat!

1. Das wird uns auferlegt: Wer kann glauben, dass eine Frau dies tun
könnte?

Betreten Sie Cleon *und* Lisippus .

Cleon . Wie nun, wo ist das Traytor ?

1. Geflohen, geflohen; aber da liegt ihre traurige Tat noch immer.

Cle . Ihre Tat! eine Frau!

Lis . Wo ist die Leiche?

1. Da.

Lis . Lebe wohl, du würdiger Mann; Es gab zwei Bande
, die unsere Liebe verbanden , einen Bruder und einen König;
Das Geringste davon könnte eine Flut von Tränen hervorrufen: Aber das
Elend der Größe ist so groß, dass sie keine Zeit zum Trauern haben; dann
verzeihen Sie mir. Meine Herren, wohin ist sie gegangen?

[*Strato betreten* .

Strat . Folge ihr niemals,
denn sie leider! war nur das Instrument. Jetzt wird die Nachricht
eingebracht, dass *Melantius*
das Fort erobert hat und auf der Mauer steht; Und mit lauter Stimme ruft er
die wenigen, die
in dieser toten Nacht vorbeikommen, zu sich, um die Unschuldigen dieser
Tat zu befreien.

Lis . Meine Herren, ich bin Ihr König.

Strat . Wir erkennen es an.

Lis . Ich würde ich nicht: allen folgen; denn dies muss ein plötzliches Ende
haben.

[*Ausgehen*

Eingeben Melant . Diph . *und* Cal. *an der Wand* .

Mel . Wenn die langweiligen Leute glauben können, dass ich bewaffnet bin ,
sei beständig, *Diphilus* ; Jetzt haben wir Zeit, entweder unsere
Banisht mitzubringen Ehren nach Hause,
Oder erschaffe neue in unseren Enden.

Diph . Ich fürchte nicht;
Mein Geist lügt nicht so. Mut *Calianax* .

Cal . Hätte ich welche, solltet ihr es schnell wissen.

Mel . Sprich mit den Menschen; Du bist beredt.

Cal . Es ist eine schöne Beredsamkeit, zum Galgen zu kommen;
Du wurdest geboren, um mein Ende zu sein; Der Teufel nimmt dich. Jetzt
muss ich Gesellschaft leisten; Es ist seltsam, dass ich alt sein sollte und
weder weise noch tapfer.

Eingeben Lisip . Diag. Cleon, Strat. Bewachen.

Lisip . Sehen Sie, wo er mit kühnem Selbstvertrauen steht,
als ob er die volle Kontrolle über sich hätte.

Strat . Er sieht aus, als hätte er die bessere Sache; Herr,
mit Ihrer gnädigen Verzeihung lassen Sie mich es sagen; Auch wenn er
einen kraftvollen Geist hat und zu allen großen Dingen bereit ist; zu allen
Dingen dieser Gefahr Schlimmere Männer zittern, wenn sie davon
erzählen; Dennoch halte ich ihn gewiss für edel, und diese Tat ist eher
angestrengt als angestrebt; sein Verstand war immer
so würdig wie seine Hand.

Lis . Das ist auch meine Angst;
Der Himmel vergib allen: rufe ihn, Lord *Cleon* .

Cleon . Ho von den Wänden dort.

Mel . Würdiger *Cleon* , willkommen;
Wir hätten Dich hierher wünschen können, Herr; du bist ehrlich.

Cal . Nun, du bist ein schmeichelhafter Schurke, auch wenn ich es dir nicht
zu sagen wage.

[*Beiseite* .

Lis . *Melantius* !

Mel . Herr.

Lis . Es tut mir leid, dass wir uns so treffen; Unsere alte Liebe
erforderte nie eine solche Distanz; Bete zum Himmel. Du hast

dich selbst nicht verlassen und diese Sicherheit
eher aus Angst als aus Ehre gesucht . Du hast
einen edlen Meister verloren, von dem manche meinen ,
Melantius hätte deinen Glauben bewahrt ; doch du weißt es am besten.

Cal . Als die Zeit abgelaufen war, war ich verrückt; Einige, die es wagen
zu kämpfen, werden diesen Schlingel hoffentlich bezahlen.

Mel . Königlicher junger Mann, dessen Tränen an dir lieblich aussehen;
Wären sie für einen verdienten Menschen vergossen worden, wären sie
bleibende Denkmäler gewesen. Dein Bruder, während er gut war, nannte
ich ihn König und diente ihm
mit diesem starken Glauben, dieser unermüdlichen Tapferkeit ;
   Pul'd Menschen aus der fernsten Sonne, um ihn zu suchen;
Und durch seine Freundschaft war ich dann sein Seelenverwandter ;
Aber da ihn sein heißer Stolz dazu verleitete, mich zu beschämen und
meine edlen Taten mit seiner Lust zu brandmarken, (das hat nie geheilt) .
Schande meiner Schwester,
niederträchtiger Makel der Hure; und was noch schlimmer ist: Die Freude,
es immer noch so zu machen wie ich selbst ;
So habe ich ihn mit meiner Treue zurückgeworfen und stehe hier mit
meiner eigenen Gerechtigkeit, um zu rächen, was ich an ihm erlitten habe;
und dieser alte Mann hat fast bis zum Wahnsinn Unrecht begangen .

Cal . Wer ich? Du würdest mich in den Bann ziehen: Ich habe nichts falsch
gemacht,
ich lehne euch alle ab.

Mel . Der Kurzfilm ist dieser; Es ist kein Ehrgeiz,
mich zu erheben ,
   Drängt mich so; Ich habe wieder den Wunsch,
ein Untertan zu sein, damit ich befreit werde; Wenn nicht, kenne ich meine
Stärke und werde diese schöne Stadt zerstören; Seien Sie schnell und weise
in Ihrer Antwort.

Strat . Seien Sie plötzlich, Herr, um
alles wieder zu binden; Was getan wurde , ist über
die Erinnerung hinaus und über dich hinaus zur Rache; und es gibt
Tausende, die auf solch eine unruhige Stunde wie diese warten; Wirf ihm
den Rohling zu.

Lis . *Melantius* , schreibe in deine Wahl,
Mein Siegel ist dabei.

Mel . Es war unsere Ehre , die uns zu dieser Tat zog,
nicht der Gewinn; und wir werden nur unsere Verzeihung erwirken.

Cal . Tragen Sie auch meinen Namen ein.

Diph . Du hast uns aber jetzt abgelehnt , *Calianax* .

Cal . Das ist alles eins;
　　　　Ich lasse mich später nicht durch einen Trick hängen;
　　　　Ich werde es reinhaben .

Mel . Du sollst, du sollst;
Komm zum Hintertor und wir nennen dich König
und überlassen dir das Fort.

Lis . Weg weg.

[*Geh weg, Omnes* .

Eingeben Aspatia *in Herrenbekleidung* . _

Asp . Das ist meine verhängnisvolle Stunde; Der Himmel möge meinen
überstürzten Versuch verzeihen , der
mir aus Versehen Kummer bereitet hat , der mich niemals ruhen lässt: Und
das
Herz einer Frau in meine Brust legen ;
Es ist eine größere Ehre für dich, dass ich sterbe;
Denn sie, die das Elend, das ich auf mir habe, ertragen und auch geduldig
sein kann, möge leben und über alles lachen, was du tun kannst. Gott
schütze Sie, Sir. [*Diener betreten* .

Ser . Und Sie, mein Herr; Was ist dein Anliegen?

Asp . Mit Ihnen, Herr, tun Sie mir jetzt das Amt, mir zu Ihrem Herrn zu
helfen.

Ser . Was, würdest du ihm dienen?

Asp . Ich werde ihm jeden Dienst erweisen; aber um mich zu beeilen, denn
meine Angelegenheiten sind ernst, ich möchte mit ihm sprechen.

Ser . Sir, weil Sie es so eilig haben, möchte ich Sie nicht noch länger
aufhalten: Das können Sie nicht.

Asp . Es wird dir zustehen , es deinem Herrn zu sagen.

Ser . Sir, er wird ohne Körper sprechen.

Asp . Das ist höchst seltsam: Bist du Goldsicher? da ist für dich; hilf mir zu
ihm.

Ser . Seien Sie bitte nicht böse, Sir, ich werde mein Bestes geben.

[*Beenden* .

Asp . Wie hartnäckig antwortete mir
dieser Kerl ! Es gibt einen abscheulichen, unehrlichen Trick bei Männern,
mehr als bei Frauen: Alle Männer, die ich treffe,
erscheinen mir so, sind hart und unhöflich und haben in
allem eine Subtilität ,
die die Liebe niemals kennen könnte; aber wir liebevollen Frauen hegen die
einfachsten und sanftesten Gedanken und denken, dass alles so gehen wird;
Es ist ungerecht, dass Männer und Frauen zusammengebracht werden .

Eingeben Amintor *und sein Mann* .

Amint . Wo ist er!

Ser . Da, mein Herr.

Amint . Was würden Sie sagen, Sir?

Asp . Bitte, Eure Lordschaft, befehlen Sie Ihrem Mann,
den Raum zu verlassen. wird Dinge liefern, die Ihres Gehörs würdig sind.

Amint . Verlasse uns.

Asp . O, dass diese Gestalt Falschheit darin begraben sollte .

[*Beiseite* .

Amint . Jetzt Ihr Wille, Sir.

Asp . Wenn du mich kennst, mein Herr, musst du
mein Geschäft erraten! und ich bin nicht schwer zu wissen; Denn bis der
Kriegswechsel dieses glatte Gesicht mit diesen wenigen Schönheitsfehlern
kennzeichnete , nannten mich die Leute das Bild meiner Schwester und ihr
meins; Kurz gesagt, ich bin der Bruder der Ungerechten *Aspatia* .

Amint . Das Falsche *Aspatia* ! Wärest du auch so,
dem Unrecht getan? *Amintor* ; Lass mich
deine Hand zu Ehren küssen , die ich
den Ungerechten trage *Aspatia* : Hier stehe ich.
Das hat es geschafft; würde er könnte nicht; sanfter Jüngling Verlass mich,
denn in deinem Blick ist etwas, das meine Sünden in einer höchst
abscheulichen Form in mein Bewusstsein ruft; und ich habe Kummer
genug ohne deine Hilfe.

Asp . Ich wünschte, ich könnte mit gutem Gewissen:
Seit ich zwölf Jahre alt war, hatte ich meine Schwester bis zu dieser Stunde
nicht gesehen; Ich bin jetzt angekommen ;
Sie schickte nach mir, um ihre Hochzeit zu sehen, eine traurige ; aber
diejenigen, die oben sind,
haben in allem ein Ende ; Sie brauchte nur wenige Worte,

aber doch genug, um mir klarzumachen, wie niederträchtig die Verletzung
war, die du ihr zugefügt hast. Die kleine Ausbildung, die ich erhalten habe,
ist Krieg; Ich kann mich in Frieden unhöflich verhalten;
Ich würde es allerdings nicht tun; Ich brauche Ihnen nicht zu sagen, dass
ich noch jung bin; und du würdest nicht gern verlieren
Ehre , die nicht leicht wieder zu erlangen ist .
Eigentlich möchte ich damit umgehen; Das Alter ist streng für
Einzelkämpfe, und wir werden davon abgehalten
. Wenn es nicht veröffentlicht wird : Wenn dir dein Schwert gefällt,
benutze es; Wenn dir meines besser erscheint, verändere dich; denn der
Boden ist dies, und dies ist die Zeit, unsere Differenz zu beenden.

Amint . Barmherzige Jugend,
wenn du einer bist , denk nicht, dass ich ein so seltsames Unrecht
behaupten werde ;
Und um deiner Schwestern willen: Wisse, dass ich nicht an das Verzweifelte
denken konnte, was ich nicht zu tun wagte; doch um diese Welt zu
genießen, würde ich sie nicht sehen; Denn wenn ich dich sehe, bin ich, ich
weiß nicht was; Wenn ich etwas habe, das dich zufriedenstellt, nimm es und
geh weg; Denn der Tod ist nicht so schrecklich wie du; Deine Augen
schießen mir Schuldgefühle entgegen.

Asp . So schwor sie ,
dass du dich benehmen würdest und mir Worte geben würdest
, die mir Tränen in die Augen treiben würden, und das tust du tatsächlich;
aber dennoch befahl sie mir, aufzupassen, damit ich nicht verleitet würde ,
und unbedingt zu kämpfen, bevor ich
zurückgekehrt .

Amint . Das darf nicht an mir liegen;
Für sie werde ich direkt sterben, aber gegen sie werde ich
es niemals riskieren.

Asp . Sie müssen dringend gebeten werden ; Ich gehe nicht unhöflich mit
denen um, die
es wagen zu kämpfen; aber so einer wie du muss uns gefallen.

[*Sie schlägt ihn* .

Amint . Prethee Jugend passt auf;
Deine Schwester steht für mich so sehr über meiner Ehre , dass ich das
alles
ertragen kann ; Gute Götter – ein Schlag, den ich ertragen kann;
Aber bleib nicht, sonst ziehst du einen rechtzeitigen Tod herauf.

Asp . Du bist ein plappernder Kerl,
einer, der einen Trick

ausgetüftelt hat, um zu reden und weichherzige Menschen zu bewegen;
gekickt werden ,

[*Sie tritt ihn* .

getreten zu werden – warum sollte er so langsam sein?
[*Beiseite* .

Indem du mir meinen Tod gibst?

Amint . Ein Mann kann
nichts mehr ertragen und sein Fleisch behalten; Dann vergib mir; Ich würde
es noch ertragen, wenn ich könnte; Jetzt zeige den Geist, den du vorgibst ,
und begreife,
dass du keine Ehre hast zu leben:

[*Sie kämpfen* .

Was meinst du? Du kannst nicht kämpfen.
Die Schläge, die du mir verfügst , sind ganz und gar nichts.
Und die, die ich dir darbiete, breitest du mit deinen Armen aus
und nimmst sie auf deine Brust, ach! wehrlos .

Asp . Ich habe genug
und mein Verlangen; Es gibt keinen Ort, an dem ich so gut sterben kann
wie hier.

tritt auf .

Evad . *Amintor* ; Ich bin voller Ereignisse, die nur darauf warten , dich
glücklich zu machen. Ich habe Freuden

[*Ihre Hände sind von einem Messer blutig* .

Das kann in einem Augenblick dein Unrecht zurückrufen
und dich wieder in deinem freien Zustand niederlassen; Es ist immer noch
Evadne , die dir folgt, aber nicht ihre
Unfug.

Amint . Du kannst mich nicht dazu verleiten, Agen zu glauben ;
Aber dein Aussehen und deine Dinge sind so voller Neuigkeiten, dass ich
ruhig bin.

Evad . Edler *Amintor* , lege dein Staunen ab;
Lass deine Augen los und sprich, bin ich nicht gerecht? Sieht *Evadne* mit
diesen Ritualen jetzt
nicht schön aus? Waren diese Stunden in deinen Augen halb so schön,
als sich unsere Hände vor dem heiligen Mann trafen? Damals war ich
innerlich zu faul, um fair auszusehen; Da ich krank war, war ich bis jetzt
nicht frei.

Amint . Es gibt eine Vorahnung von etwas Wichtigem
an dir, das deine Zunge offenbar verloren hat: Deine Hände sind blutig und
du hast ein Messer.

Evad . Darin besteht dein und mein Glück;
Freude für *Amintor* , denn der König ist tot.

Amint . Diejenigen, die wir lieben, haben die größte Macht, uns zu
verletzen.
Wir legen unser schlafendes Leben in ihre Arme. Du hast das Unheil bis zu
dieser Höhe angerichtet
und einen gefunden, der deine anderen Fehler in den Schatten stellt; Du
hast keine Pause von deinen Sünden, sondern dein ganzes Leben ist eine
ständige Krankheit; Schwarz ist jetzt deine
Farbe , Krankheit deine Natur. Freude für *Amintor* ! Du hast ein Leben
berührt , dessen Name die Macht hatte, all meine Wut zu fesseln und mein
wildestes Unrecht zu besänftigen.

Evad . Es ist geschafft; Und da ich keinen Weg finden konnte,
deiner Liebe so klar zu begegnen wie durch sein Leben, kann ich es jetzt
nicht bereuen.

Amint . Könntest du die Götter veranlassen, zu mir zu sprechen und
mir zu sagen, dass ich diese Frau liebe und verzeihe? Ich glaube, ich würde
mich mit ihnen streiten. Siehe, hier liegt ein Jüngling, dessen Wunden in
meiner Brust bluten .
Sein gewaltsames Schicksal hat ihn gesandt, um seinen Tod aus meiner
langsamen Hand zu holen. Und um mein Leid zu verstärken, bist du jetzt
anwesend, befleckt mit dem Blut eines Königs, das
gewaltsam vergossen wurde: Das hält hier die Nacht , Und wirft eine
unbekannte Wildnis um mich herum.

Asp . Oh oh oh!

Amint . Nicht mehr, verfolge mich nicht.

Evad . Dann vergib mir und bring mich zu deinem Bett. Wir dürfen uns
nicht trennen.

Amint . Nachsichtig sein, weise sein und meiner Wut freien Lauf lassen.

Evad . Es liegt an dir, dass ich bleiben würde, nicht an dir.

Amint . Pass auf dich auf, es wird mit mir zurückkehren.

Evad . Wenn es sein muss, werde ich mich nicht davor fürchten, ihm zu
begegnen; Bring mich nach Hause.

Amint . Du Ungeheuer der Grausamkeit, ertrage Nachsicht.

Evad. Um Himmels Willen, sehen Sie ruhiger aus ;
Deine Augen sind schärfer, als du dein Schwert machen kannst.

Amint. Weg, weg, deine Knie bedeuten mir mehr als Gewalt.
Mir wird mehr als schlecht, wenn ich sehe, wie mir die Knie folgen. Das
darf ich nicht zugeben; Um Himmels Willen, bleib stehen.

Evad. Dann empfange mich . *Amint*. Ich wage es nicht, deiner Sprache zu
widerstehen;
Inmitten all meiner Wut und meiner Trauer erweckst du etwas, das mich
beunruhigt, und sagt , ich hätte dich einst geliebt ; Ich wage es nicht zu
bleiben; Die Argumentation von
Frauen hat kein Ende .

[*Verlässt sie* .

Evad. *Amintor* , du sollst mich noch einmal lieben; Geh, ich bin ruhig;
Lebewohl; und Frieden für immer . *Evadne* , wen du hast, wird für dich
sterben.

[*Tötet sich selbst* .

Amint. Ich habe noch eine kleine
menschliche Natur. Das bleibt dir, das befiehlt mir, deine Hand
zurückzuhalten. [*Gibt zurück* .

Evad. Deine Hand war willkommen, aber sie kam zu spät;
Oh, ich bin verloren! der schwere Schlaf macht Eile.

[*Sie stirbt* .

Asp. Oh oh oh!

Amint. Meine Erde bebt, und ich spüre
eine starke, erschreckte Bewegung in meinem Blut; Meine Seele wird ihres
Hauses überdrüssig, und ich bin mir überall ein Kummer ;
In diesen toten Dingen steckt eine verborgene Kraft, die mein Fleisch in
sich hineinruft . Mir ist kalt;
Seien Sie entschlossen und leisten Sie ihnen Gesellschaft:
Es gibt noch etwas, das ich nur ungern verlassen möchte. In mir steckt
Mann genug, um den Ängsten zu begegnen, die der Tod mit sich bringen
kann, und doch würde es geschehen; Ich kann in der ganzen Rede vom
Tod nichts finden, ich durfte nicht den kühnsten Weg gehen; Und dennoch
steht zwischen dem Grund und der Tat das Unrecht, das ich *Aspatia*
angetan habe, aufrecht,
und ich habe keinen solchen Fehler zu verantworten.
Auch wenn sie sich zu Recht mit Verachtung und Hass auf mich ausrüsten
mag, wird meine Seele weniger beunruhigt sein, wenn ich bezahlt habe Zu

ihr unter Tränen meine Trauer: Ich werde diese Tat nicht unbefriedigt
lassen, wenn alles, was in mir übrig ist, darauf antworten kann.

Asp . War es ein Traum? Da steht *Amintor* immer noch:
Oder ich träume immer noch.

Amint . Wie geht es dir? Sprich, empfange meine Liebe und hilf:
Dein Blut steigt wieder an seinen alten Platz: Es gibt Hoffnung auf deine
Genesung.

Asp . Hast du *Aspatia nicht genannt* ?

Amint . Ich tat.

Asp . Und ihr von Tränen und Kummer erzählt ?

Amint . Es ist wahr, und bis diese glücklichen Zeichen in dir
meinen Kurs beibehalten haben, war ich dorthin gegangen.

Asp . Du bist schon da, und diese Wunden sind ihre.
Diese Drohungen, die ich mitgebracht habe, suchten nicht nach Rache,
sondern kamen, um diesen Segen aus deiner Hand zu holen, ich bin noch
immer *Aspatia* .

Amint . Kann es meine Seele jemals wagen, ins Ausland zu schauen ?

Asp . Ich werde *Amintor leben* ; Mir geht es gut:
Eine Art heilsame Freude wandert in mir.

Amint . Die Welt will Zeilen, um deinen Verlust zu entschuldigen:
Komm, ich trage dich an einen Ort der Hilfe.

Asp . *Amintor* , du musst bleiben, ich muss hier ruhen,
meine Stärke beginnt, meinem Willen nicht zu gehorchen. Wie geht es dir,
meine beste Seele? Ich würde gern leben, wenn ich könnte: Hättest du mich
damals geliebt?

Amint . Ach! Alles, was ich bin, ist von dir kein Haar wert.

Asp . Gib mir deine Hand, meine Hände tappen auf und ab
und können dich nicht finden; Ich bin wundersam krank: Habe ich deine
Hand, *Amintor* ?
Amint . Du hast den größten Segen der Welt.

Asp . Ich glaube dir mehr als mein Verstand.
Oh! Ich muss gehen, auf Wiedersehen.

Amint . Sie flucht: *Aspatia* hilf, um Himmels willen Wasser;
Solche, die das Leben für immer an diesen Rahmen ketten können.
      Aspatia , sprich: Was hilft nicht? doch ich täusche,
        Ich werde ihre Schläfen aufscheuern, doch da rührt sich nichts;

Eine verborgene Macht sagt ihr, dass *Amintor* ruft,
und lass sie mir antworten: *Aspatia* , sprich.
Ich habe gehört, wenn es Leben gäbe, aber verneige den Körper so, und er
wird sich zeigen .
Oh, sie ist weg! Ich werde sie noch nicht verlassen. Denn aus Gerechtigkeit
dürfen wir nichts herausfordern; Ich würde es Barmherzigkeit nennen,
wenn du Mitleid mit mir hast,
du himmlische Mächte, und für ein paar Jahre die gesegnete Seele diesem
schönen Sitz leihst .
Es gibt keinen Trost, die Götter verweigern mir auch. Ich lebe verneige den
Körper einmal agen : *Aspatia* !
Die Seele ist für immer geflohen , und ich habe Unrecht
                    Ich selbst würde so lange darauf warten, ihre Gesellschaft zu
verlieren.
Muss ich jetzt reden? Hier ist, mit dir zu sein, Liebe.

[*Bringt sich um* .

Betreten Sie den Diener.

Ser . Es ist eine große Gnade für meinen Herrn, dass der neue
König zu ihm kommt. Ich muss ihm sagen, dass er hereinkommt .
O Himmel, hilf, hilf;

Eingeben Lysip . Melant . Kal. Cleon, Diph . Strato .

Lys . Wo ist *Amintor* ?

Strat . Oh da, da.

Lys . Wie seltsam ist das!

Cal . Was sollen wir hier tun?

Mel . Diese Todesfälle sind mir so vertraut,
dass sich mein Herz dennoch nicht auflöst. Möge ich hier für immer steif
stehen ; Augen, rufe deine Tränen hervor;
Das ist *Amintor* : Von Herzen war er mein Freund;
Schmelze, jetzt fließt es; *Amintor* , gib ein Wort
, um mich zu dir zu rufen.

Amint . Oh!

Mel . *Melantius* nennt seinen Freund *Amintor* ; Oh, deine Arme
sind freundlicher zu mir als deine Zunge; Sprich sprich.

Amint . Was?

Mel . Dieses kleine Wort war alle Töne wert , die ich
je hören werde .

Diph . O Bruder! hier liegt deine Schwester erschlagen; Da
verliert man sich selbst in Trauer.

Mel . Warum *Diphilus* , es ist
eine Sache, darüber zu lachen; Hier war meine Schwester , mein Vater,
mein Bruder, mein Sohn;
Alles was ich hatte; sprich noch einmal; Welcher Jugendlicher liegt dort von
dir erschlagen?

Amint . Es ist *Aspatia* .
Meine Sinne verblassen, lass mich meine Seele in deinen Busen geben.

_Cal. Was ist das? was ist das? *Aspatia* !

Mel . Bis jetzt habe ich die Größe meines Herzens nie bereut; Es wird bei
Bedarf nicht platzen.

Cal . Meine Tochter ist auch hier gestorben! und du hast alle schönen neuen
Tricks, um zu trauern; Aber ich kannte nichts anderes als direktes Weinen.

Mel . Ich bin ein Schwätzer , aber nicht mehr.

Diph . Halte Bruder.

Lysip . Stopp ihn.

Diph . Pfui; Wie unmännlich war dieses Angebot für dich!
Wird das unsere Sorte?

Cal . Ich weiß nicht, worum es geht, aber ich bin
sehr gütig geworden und mit dir befreundet; Du hast mir gegeben, dass
einer von euch mich schnell töten wird; Aber ich gehe nach Hause und lebe
so lange ich kann.

Mel . Sein Geist ist nur arm und kann
aus Mangel an Waffen vor dem Tod bewahrt werden. Ist meine Hand nicht
eine Waffe, die gut genug ist, um meinen Atem anzuhalten? oder wenn du
diese festbindest, schwöre ich, *Amintor* , dass ich niemals essen
oder trinken oder schlafen werde oder etwas mit dem zu tun haben werde,
was das Leben retten könnte; Das schwöre ich zu behalten.

Lysip . Schauen Sie auf ihn und ertragen Sie diese Körper.
Möge dies ein gutes Beispiel für mich sein,
mit Temperament zu regieren: für lüsterne Könige
            Unerwartet werden plötzliche Todesfälle vom Himmel
geschickt!
Aber der Böse ist ihr Instrument.

www.ingramcontent.com/pod-product-compliance
Lightning Source LLC
LaVergne TN
LVHW091209180726